人生的五枚金幣

自信和自尊的積極哲學

人生有五枚金幣

童年、少年、青年、中年、老年各有一枚，你不能把五枚都扔在草原裡，
你要一點點地用，每一次都用出不同來，這樣才不枉人生一世。

盧雅雯◎著

目錄

第一章 珍惜擁有與幸福

——知足而樂，把生存的起點放得低一些

CONTENTS

CONTENTS

CONTENTS

CONTENTS

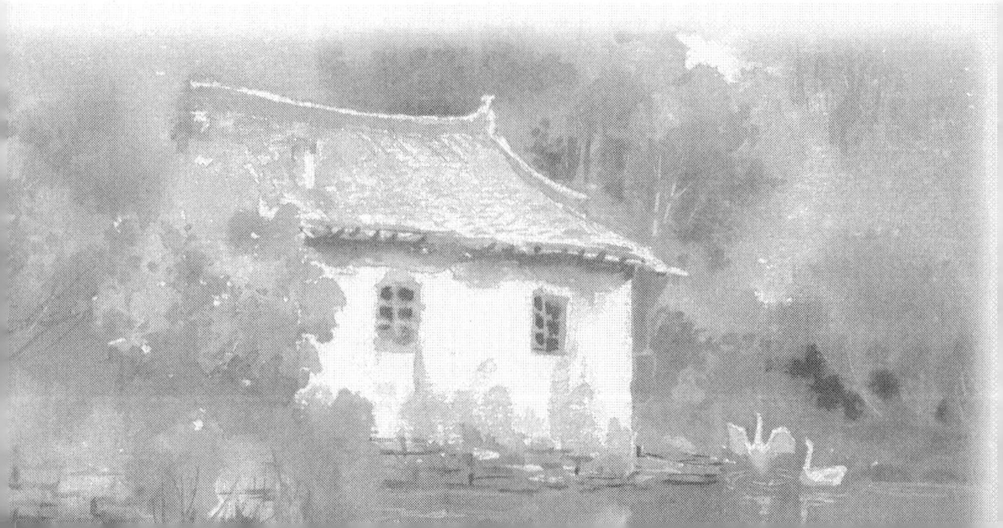

第一章
PART 1

珍惜擁有與幸福

——知足而樂，把生存的起點放得低一些

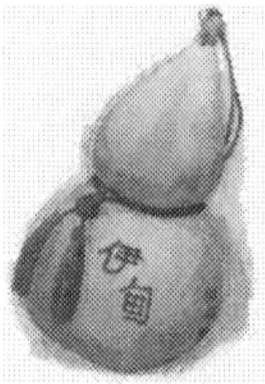

1 把生存的起點放得低一些

古伊朗著名詩人薩迪，在講到自己從不抱怨命苦時，說了他的一次遭遇。

一次，薩迪沒有錢買鞋，只能赤腳到教堂去。進教堂前，他確實感到沮喪和不幸，當他在禮拜堂裡看到一位沒有腳的人時，才發覺自己並非這世界最不幸的人，並不再以窮困得沒有鞋子爲苦，於是他這樣寫道：

「在飽足人的眼中，燒鵝好比青草；在饑餓人的眼中，蘿蔔便是佳餚。

「人們在沙漠中口渴難耐時所期望的，並非讓人扔給你一袋鈔票或珠寶，而是一瓢能解渴的涼水。人們在身無分文時所期望的，並非腰纏萬貫，而是能解決有米之炊。」

☆老師的悄悄話

在你不知足時，想到還有比你更艱難的人，你便會發現自己生活得也很幸福。

一個人，只要你盡了自己最大的努力去創造，就算沒有辜負此生。人的欲望是永遠滿足不了的，但是，只要你把生存的起點放得低一些，就會知足而樂。

2 幸福就在當下

一個富人和一個窮人談論什麼是幸福。

窮人說：「幸福就在當下。」

富人望著窮人的茅舍、破舊的衣著，輕蔑地說：「這怎麼能叫幸福呢？我的幸福可是百間豪宅、千名奴僕啊。」

有一天，一場大火把富人的百間豪宅燒得片瓦不留，奴僕們各奔東西。一夜之間，富人淪爲乞丐。

七月流火，汗流浹背的乞丐路過窮人的茅舍，想討口水喝。窮人端來一大碗清涼的水，問他：「你現在認爲什麼是幸福？」

乞丐眼巴巴地說：「幸福就是此時你手中的這碗水。」

☆老師的悄悄話

其實，幸福本來就是現在，只有將一個個現在串起來，才有一生一世的幸福。

珍惜現在吧，你手中的一杯水、一頓粗茶淡飯、一份並不豐裕的工作都是幸福。

3 擁有一顆能感受幸福的心

有一個關於窮人和富人的故事。

富人有十萬元，而窮人僅有一千元。

窮人和富人都購買了五元一張的獎券，且都得到一千元的獎勵。不同的是：窮人樂的幾乎跳了起來，因爲他認爲自己的財產又增加了一倍；而富人卻很苦惱，因爲他抱怨未得到自己想要的奧迪轎車。

☆老師的悄悄話

難道富人抓到了奧迪轎車，他就高興了嗎？幸福的關鍵，是在於有一顆能感受幸福的心。企圖用物質的快樂來滿足精神的快樂，根本是不可能的。

4 平常心

美國教育家杜朗曾闡述過他如何尋找幸福。

他先從知識裡找幸福，得到的只是幻滅；從旅行裡找，得到的只是疲倦；從財富裡找，得到的只是爭鬥與憂愁；從寫作中找，得到的只是勞累。

直到有一天，他在火車站看見一輛小汽車裡坐著一位年輕婦女，懷裡抱著一個熟睡的嬰兒。一位中年男子從火車上下來，直接走到汽車旁邊。他吻了一下妻子，又輕輕地吻了嬰兒，生怕把他驚醒。然後，這一家人就開車離去了。

這時，杜朗才驚奇地發現什麼是眞正的幸福。他高興地鬆了口氣，從此懂得：生活的每一正常活動，都帶有某種幸福。

☆老師的悄悄話

這個故事告訴我們，做人做事都要有平常心，要學會從生活中的每一角落發現樂趣和意義。太刻意的尋找，反而得不到圓滿的成功。

5 境由心造

有隻鳥在天上飛。一位耕田的農夫歎氣道：牠眞苦，四處飛翔，只爲覓一口食。

然而，一位依窗懷春的少女也看見了這隻鳥，她歎氣說：牠眞幸福，有一雙美麗的翅膀。

面對同一種境況，不同的人有不同的心情、理解。滿懷激情，你就會有一種振奮的感覺；失意悲觀，你就會有一種痛苦或失落的感歎。

☆老師的悄悄話

當自己的人生理想不能實現，或者見解、行爲不爲世人所理解時，人們就會迷惘、失意。境由心造。人生旅途中，人們很容易將思維編入既存的框架裡，或滿足、或失意、或進取等等，產生「命中註定」或「無法更改」的思維定式，然後將自己對人生的夢想和野心一個個拋棄掉。

6 別讓心裡扎了刺

鳥兒子問鳥爸爸：「人幸福嗎？」

鳥爸爸回答：「他們沒咱們幸福。」

鳥兒子接著問：「那是爲什麼呀？」

鳥爸爸回答：「因爲人的心裡扎了根刺，這根刺無時無刻不在折磨著他們。」

鳥兒子問：「這刺叫什麼？」

鳥爸爸回答：「叫嫉妒。」

☆老師的悄悄話

手指扎了刺，會感到痛苦，如果讓心裡扎了刺，那麼自己會痛苦一生。手指不小心扎了刺沒有關係，千萬別讓你的心裡扎了刺。

7 經營你的天賦

久居河邊的一隻青蛙，對自己的走路方式極爲不滿，四條腿用力，一蹦一跳的，看那些人，兩腿直立行走，又高級又瀟灑，要能像人那樣走路，該有多幸福啊！青蛙於是不停地到河邊寺廟中去拜佛許願，盼望有朝一日能像人一樣走路。年復一年，青蛙的誠意終於打動了神靈。青蛙的願望實現了。

青蛙驕傲地站了起來，邁開兩條長腿（原先的後腿），大步流星走了起來，可是牠莫明其妙地離河邊越來越遠，怎麼也走不回水邊去，也無法再捕捉到食物，饑渴難當的青蛙終於死掉了。

原來，青蛙站起來走路後，牠的眼睛卻只能望見後面，腿往前走，眼往後看，這樣的怪物自然無法生存。

☆老師的悄悄話

盲目地追求不適合自己的東西，到頭來都可能演化成一齣悲劇。造物主在創造每個物種的時候，都給了自己別人無法替代的天賦，好好經營你的天賦——充分利用天賦就是勝利者。

8 和駱駝一起跳舞

駱駝決心成爲一名芭蕾演員。

她說：「要使每個動作高雅完美，這是我唯一的願望。」

她一次又一次練習足尖旋轉，反覆用足尖支立身體，單腿站立，伸前臂，抬後腳，每天上百次地重複這五個基本姿勢。在沙漠炎熱的驕陽下，她一直練了好幾個月，腳起了泡，渾身酸疼不已，但是她從來沒想過停下來不練。

終於，駱駝說：「現在我是一名舞蹈演員了。」她舉行了一個表演會。

觀眾沒有一個爲她鼓掌。

其中有一位發言說：「作爲一名評論家和這群夥伴的代言人，我必須坦率地對您說，您的動作笨拙難看，您的背部彎了，圓滾滾的凹凸不平，您跟

我們一樣，生來是駱駝，成不了芭蕾舞演員，將來也成不了。」

「他們這樣認爲可就錯了。我刻苦地進行訓練，毫無疑問，我已經成爲一名出色的芭蕾舞演員了。我跳舞只圖自己快樂，所以我要堅持不懈地跳下去。」她眞的這樣做了，這使她愉快了好些年。

☆老師的悄悄話

占有不能帶來幸福，人只有在不斷追求中，才會感到持久的幸福和滿足。和駱駝一起跳舞，也許你的行爲和夢想得不到認可和滿足，但又何必在意呢？只有你自己了解自己的幸福。

9 幸福的標準沒有可比性

樹林裡住著兩個長臂猿兄弟，他們整天在樹枝間蕩來晃去。嬉戲玩樂的日子固然歡樂愉快，但對於每天只能找到一點點食物果腹一事，牠們一直耿耿於懷。

有一次，長臂猿兄弟閒逛到山腳下的動物園，只見其中一個籠子裡關著一隻紅毛猩猩。

在紅毛猩猩面前，擺了許許多多的水果和食物，令他們垂涎欲滴。長臂猿弟弟就對哥哥說：「老哥！我眞羨慕那隻紅毛猩猩的待遇，牠每天不用做任何事，就有這麼多美味可口的東西可以大吃大喝，不像我們必須十分操勞，才能得到稀少的食物。」長臂猿哥哥摟著弟弟，無奈地點頭說：「你說的對極了。」

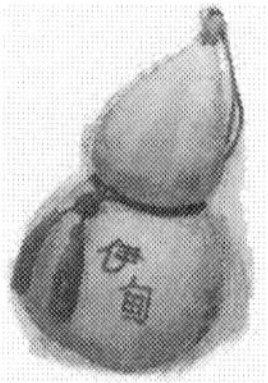

這個時候，籠子裡的紅毛猩猩無精打采地抬起了頭，以十分羨慕的眼光望著長臂猿兄弟，心裡想著：「唉！我眞是羨慕那兩隻長臂猿兄弟，每天可以在樹林裡自由地蕩來蕩去，多麼的逍遙自在啊！」

☆老師的悄悄話

你在籠子外羨慕籠子裡的朋友。籠子裡的朋友更把你當作風景看。每個人的擁有都是幸福的，幸福的標準沒有一定的可比性。擁有了，就要學會珍惜。

10 尊重你的才能

一隻烏龜看到老鷹飛翔的模樣，心裡很羨慕，也希望自己能飛起來。

烏龜就去找老鷹，願意奉獻許多禮物，請老鷹教他飛翔的方法。

老鷹告訴他說，烏龜是不能飛的，可是烏龜不相信，並不停地要求，老鷹不得已，只好抓起烏龜飛到天上，再把牠放開，結果烏龜掉在岩石上摔死了。

☆老師的悄悄話

尊重上天賦予你的才能，你的才能的大小，在於你自己怎樣去開發和看待它們。與其羨慕別人的絕技，不如使自己的優勢修煉的如火純青。

11 沒有絕對的英雄

叢林中的一隻小老鼠整日裡悶悶不樂，牠自感形象不佳，本領又小，生活在社會的最底層，看人家貓多神氣啊。

苦惱的小老鼠來到山神面前，再三哀求山神給予幫助，把牠變成一隻貓。山神被糾纏不過，答應了牠的要求。於是小老鼠變成了一隻神氣的貓。

沒高興幾天，又有了新的問題，原來貓怕狗呀。牠又去求山神，把自己變成一隻狗。可是誰料，狗怕狼，於是牠又跑去請求變成狼……

如此這般一路請求、一路變化，小老鼠終於變成了森林之王——大象。

小老鼠昂首挺胸，在叢林中漫步巡視，威風凜凜，動物們見了牠都低頭哈腰，恭恭敬敬，小老鼠心中別提多高興了。

可是沒過多久，小老鼠又有了一個新發現：大象最怕的竟然是老鼠。這

時牠眼中最偉大的形象又變成了老鼠，於是牠又跑去哀求山神。

☆老師的悄悄話

老鼠怕貓，貓怕小狗，狗怕狼，狼怕大象，大象又怕老鼠。萬物相生相剋，沒有絕對的英雄，只有專門領域的強者。

12 每個人都是自己命運的建築師

《世界名言博引詞典》裡，有這樣一段對話：

「你是何人？」

「我是征服一切的機會。」

「爲何踮著腳？」

「我時刻在奔跑。」

「你腳上爲何生有雙翼？」

「我乘風而行。」

「爲何前額枕著頭皮？」

「好讓幸運者把我抓牢。」

「後腦爲何光禿禿？」

「爲了不讓坐失良機者從背後把我抓住。」

☆老師的悄悄話

你的一生是否精彩，在於你能否抓住機遇。機會老人先給你送上他的頭髮，如果你一下沒抓住，再抓就只能碰到他的禿頭了。每個人都是自己命運的設計師。每個人又都是自己命運的建築師。

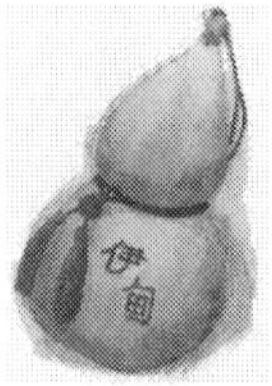

13 不要總是羨慕別人

一隻老鼠走遍天涯海角，打算去尋找世上最偉大的東西。有一天，他突然發現：世上最偉大的東西，不正是他日日見到的「天」嗎？

於是他去找天。

天告訴他：雲比天偉大，因爲只要雲來了，天就被遮住了。

老鼠就跑去找雲。

雲告訴他：風最偉大，只要風一吹，雲就被吹跑了。

老鼠再跑去找風。

風告訴他：牆最強大了，風一吹到牆那裡，就被擋住而消失了。

老鼠再跑去找牆。

牆告訴他：老鼠最厲害了，老鼠一來，牆就千瘡百孔，搖搖欲墜。

老鼠這才恍然大悟：天生我才必有用，世上並沒有絕對偉大的東西！

☆老師的悄悄話

老鼠眼中的世界，是我們的一面鏡子。不要總是羨慕別人而忘了自己的才能，只要盡心盡力發揮自身所長，又何需向外尋求呢？

14 人生的五枚金幣

有個叫阿巴格的人，生活在內蒙古草原上。

有一次，年少的阿巴格和他爸爸在草原上迷了路，阿巴格又累又怕，到最後快走不動了。爸爸就從口袋裡掏出五枚硬幣，把一枚硬幣埋在草地裡，把其餘四枚放在阿巴格的手上，說：

「人生有五枚金幣，童年、少年、青年、中年、老年各有一枚，你現在才用了一枚，就是埋在草地裡的那一枚，你不能把五枚都扔在草原裡，你要一點點地用，每一次都用出不同來，這樣才不枉人生一世。今天我們一定要走出草原，你將來也一定要走出草原。世界很大，人活著，就要多走些地方，多看看，不要讓你的金幣沒有用就扔掉。」

在父親的鼓勵下，那天阿巴格走出了草原。長大後，阿巴格離開了家

鄉，成了一名優秀的船長。

☆老師的悄悄話

世界很大，人活著，就要多走些地方，多看看，不要讓你的金幣沒有用就扔掉。珍惜生命，就能走出挫折的沼澤地。

第二章
PART 2

自我價值與信心

——改變氣質，化出和諧自然和生命彩妝

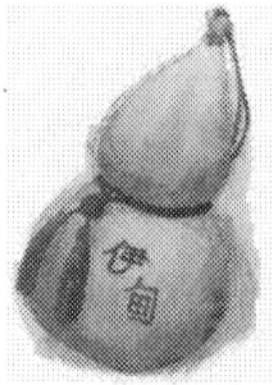

15 化妝的最高境界

一位化妝師談他對化妝的最高境界的認知。

在他看來，化妝的最高境界可以用兩個字來形容，那就是「自然」。最高明的化妝術，讓人家看起來跟沒有化過妝一樣，並且這化出來的妝與主人的身份相配，能自然地表現人的個性與氣質。

次一點的化妝，是把人突顯出來，讓她醒目，引起眾人的注意。

拙劣的化妝是一站出來，別人就發現她化了很濃的妝，而這層妝是爲了掩蓋自己的年齡或缺點的。

最壞的一種化妝，是化過妝以後扭曲了自己的個性，又失去了五官的協調，例如小眼睛的人竟化了濃眉，大臉蛋的人竟化了白臉，闊嘴的人竟化了紅唇等等。

☆老師的悄悄話

化妝只是最末的一個環節，它能改變的很少。深一層的化妝是改變體質，讓一個人改變生活方式。再深一層的化妝是改變氣質，讓人自愛而有尊嚴，臉上的化妝只是化妝最後的一件小事。三流的化妝是臉上的化妝，二流的化妝是精神的化妝，一流的化妝是生命的化妝。

16 除掉失敗的意念

世界著名的走鋼絲人卡爾・華倫達曾說：「在鋼絲上才是我眞正的人生，其他都只是等待。」他就是以這種信心來走鋼絲，每一次都非常成功。

一九七八年，這位成功的走鋼絲人在波多黎各表演時，從七十五尺高的鋼絲上掉下來死了。這令人不可思議。後來，走鋼絲人的華倫達太太說出了原因。

在表演的前三個月，華倫達開始懷疑自己「這次可能掉下去」。他時常問太太：「萬一掉下去，怎麼辦？」他花了很多精神在避免掉下來上，而不是在走鋼絲上。

☆老師的悄悄話

假如你有壞的預感，要告訴自己「不可能有這種事」、「絕對不會」，潛意識就會全盤吸收你的指示，一旦有了危機，它會替你處理得和平常的反應一樣好，不會失常。

所以，你要想辦法把「一定會失敗」與意念排除掉，換成「我一定會成功」。

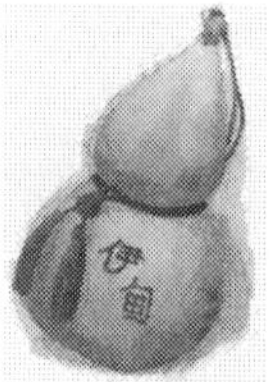

17 不失望，就會有轉機

在當代美國著名小說家普拉格曼的頒獎典禮上，一位記者向他提問：「你畢生成功最關鍵的轉捩點在何時何地？」

普拉格曼向記者講起了自己的一段經歷。

二次大戰中，尚未讀完高中的普拉格曼到海軍服役。一九四四年八月，他在一次戰鬥中身負重傷，雙腿無法站立。爲了挽救他的生命，艦長派一個海軍下士駕小船將他送往戰地醫院。

在黑暗中，小船漂流了四個多小時，不幸迷失了方向。掌舵的下士失去了信心，要拔槍自殺。正在流血的普拉格曼卻很鎮定地勸說他：「你別開槍，我有一種神秘的預感，……即使失敗也要有耐心，絕不要墮入絕望的深淵。」

話沒說完，突然向敵機發射的高射炮火光沖天，他們發現小舟離碼頭不遠了。

這一富於戲劇性的經歷，銘刻在普拉格曼的心上。他確信，即使面對失敗，也要有耐心，堅忍不拔，絕不失望，或許在最後一刻會有轉機，出現勝利的曙光。

☆老師的悄悄話

原來，正是一次難忘的痛苦經歷，給了普拉格曼寫作的靈魂。每個人都應培養對自己、對自己的力量的信心，這種信心是靠克服障礙、培養意志和鍛煉毅力而獲得的。

18 沒有一樣東西是你不配享有的

一個士兵騎馬給拿破崙送信，在到達目的地之前猛然跌了一跤，那馬就此一命嗚呼。拿破崙接到了信後，立刻寫了回信，交給那個士兵，吩咐士兵騎自己的馬，迅速把回信送去。

那個士兵看到那匹強壯的駿馬，身上裝飾得無比華麗，便對拿破崙說：「不，將軍，我是一個平庸的士兵，實在不配騎這匹華美強壯的駿馬。」

拿破崙回答道：「世上沒有一樣東西，是法蘭西士兵所不配享有的。」

世界上到處都有像這個法國士兵一樣的人！他們以爲自己的地位太低微，別人擁有的種種幸福，是不屬於他們的。他們以爲自己是不能與那些偉大人物相提並論的，是不配享有別人的幸福的。你有過這樣的想法嗎？

☆老師的悄悄話

沒有一樣東西是你不配享有的。只要對自己充滿無可限量的信念，就能在你身上產生自信。一個人如果在表情和言行上時時顯露著卑微，不信任自己、不尊重自己，這種人自然得不到別人的尊重。

19 享受生命中的自然

一隻青蛙看到一隻蜈蚣，心想，用四隻腳走路已經夠麻煩的了，蜈蚣是如何用一百隻腳在走路的呢？牠怎麼知道是哪隻腳先走、哪隻腳後走？接下來又是哪一隻呢？於是牠叫住了蜈蚣，並把自己的疑問告訴牠。

蜈蚣說：「我一生都在走路，但從未想過這個問題。現在我必需好好思考一下，才能回答你。」蜈蚣站在那裡好幾分鐘，牠發現自己動不了。搖晃了一會兒，然後便倒了下來。牠告訴青蛙：「請你不要再去問其他蜈蚣同樣的問題。我已經無法控制自己的腳了！」

☆老師的悄悄話

人若對自己的生命沒有信心，需要靠經典、箴言的指引，有那麼多的原則、那麼多的箴言要被遵循，其結果與青蛙在蜈蚣身上所造成的影響是相同的，一樣的無所適從。

試著去享受生命中的自然。專心走路的時候，也不要忘記偶而停下來，看看四周的景物，讓自己的心靈稍作休息！

20 心有多大，舞臺就有多大

一個和尚，沒有錢爲寺廟鑄一尊佛像，因爲佛像造價甚高，於是他利用朋友送給他的水泥來塑造一尊佛像。

做好了之後，由於佛像太大，沒有辦法從大門搬進去，於是他雇了一輛吊車從屋頂上吊下去。吊車將佛像吊到離地面約一公尺高時，不愼佛像掉下去摔壞了。和尚很傷心，但是由於天色已晚，便進屋休息了。

那一晚突然下起雨來，雨水滲進佛像破裂的縫裡去，使得裂縫更加大了。

第二天，雨過天晴，陽光普照，和尚起來做早課，無意中瞥見佛像裂縫裡好像有閃閃發亮的光。他跑進屋裡，拿了根棍子撬開水泥，結果現出了亮閃閃的一尊金佛像！據說那是現今世上發現的最大塊的金塊。

同樣，你的內心也有座金色的你，等著你去發掘，但是你必須先相信它是眞實的。如何使金色的自我呈現出來呢？看看周圍成就卓越的人，拿他們做榜樣，學習他們的長處及成功之道。

☆老師的悄悄話

每個人內心都有那麼一尊金色的塑像等待被發掘。不要害怕做不可能的夢。心有多大，舞臺就有多大。做任何事情，信心第一，策略第二，技巧第三。先決定做不做，再決定怎麼做。先有方向，再談方法。

21 抬頭看看那片天

在一個貿易洽談會上，會務組的工作人員把一個中年人和一個小夥子送進了他們的住房——一家高級酒店的三十八樓。小夥子俯看下面，覺得頭有點眩暈，便抬起頭來望著藍天，站在他身邊的中年人關切地問，你是不是有點懼高症？

小夥子回答說，是有點，可是並不害怕。接著他聊起來小時候的一樁事：

「我是山裡來的孩子，那裡很窮，每到雨季，山洪爆發，一瀉而下的洪水淹上了我們放學回家必經的小石橋，老師就一個個送我們回家。走到橋上時，水已淹過腳踝，下面是咆哮著的湍流，看著心慌，不敢挪步。這時老師說，你們手扶著欄杆，把頭抬起來看著天往前走。這招眞靈，心裡沒有了先

前的恐怖，也從此記住了老師的這個辦法，在我遇上險境時，只要昂起頭，不肯屈服，就能穿越過去。」

中年人笑笑，問小夥子：「你看我像是尋過死的人嗎？」小夥子看著面前這位剛毅果決、令他尊敬的副總裁，一臉的驚異。

中年人自個兒說了下去：「我原來是個坐辦公室的，後來棄職做生意，不知是運氣不好還是不諳商海的水性，幾樁生意都砸了，欠了一屁股的債，債主天天上門討債。我便想到了死，我選擇了深山裡的懸崖。我正要走出那一步的時候，耳邊突然傳來蒼老的山歌，我轉過身子，遠遠看見一個採藥的老者，他注視著我，我想他是以這種善意的方式，打斷我輕生的念頭。我在邊上找了片草地坐著，直到老者離去後，我再走到懸崖邊，只見下面是一片黝黑的林濤，這時我倒有點害怕，退後兩步，抬頭看著天空，希望的亮光在我大腦裡一閃，我重新選擇了生。回到城市後，我從打零工做起，一步步走到了現在。」

☆老師的悄悄話

其實，在我們每個人的一生中，隨時都會和他們兩位一樣碰上湍流與險境，如果我們低下頭來，看到的只會是險惡與絕望，在眩暈之中失去了生命的鬥志，使自己墜入地獄裡。我們若能抬起頭，看到的則是一片遼遠的天空，那是一個充滿了希望並讓我們飛翔的天地，我們便有信心用雙手去構築出一個屬於自己的天堂。

22 綠燈時，我們總是第一個

一次，和朋友搭了輛計程車到一個郊區不大熟悉的地方。

一路上，我們和司機有說有笑。但不知為什麼，一路上連續遇到五六個紅燈。眼看快到了路口，又碰到一個紅燈。朋友隨口嘟噥著：「眞倒楣！一路都碰到紅燈，就是差那一步。」

司機轉過頭，露出一個很自信的笑容：「不倒楣！上帝很公平，綠燈時，我們總是第一個走！」

☆老師的悄悄話

你的人生旅途，可以見到紅燈，也可以見到綠燈。紅燈是讓我們停下來思考和欣賞的，人生旅途並不是一味地往前衝。紅燈時可以駐足觀賞，綠燈時可以一往如既，如此人生旅途，如此面對。

23 把斧頭推銷給總統的推銷員

二〇〇一年五月二十日，美國一位名叫喬治・赫伯特的推銷員，成功地把一把斧頭推銷給了小布希總統。

一位記者在採訪他的時候，他是這樣說的：我在一開始就認爲，把一把斧頭推銷給小布希總統是完全可能的。因爲，布希總統在德克薩斯州有一農場，裡面長著許多樹。於是給他寫了一封信。

信的內容是這樣的：有一次，我有幸參觀您的農場，發現裡面長著許多矢菊樹，有些已經死掉，木質已變得鬆軟。我想，您一定需要一把小斧頭，但是從您現在的體質來看，這種小斧頭顯然太輕，因此您仍然需要一把不甚鋒利的老斧頭。現在我這兒正好有一把這樣的斧頭，很適合砍伐枯樹。假若您有興趣的話，請按這封信所留的信箱，給予回覆。……

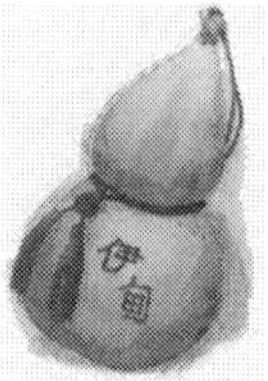

最後他就給我匯來了十五美元。

☆老師的悄悄話

有時候，不是因爲有些事情難以做到，我們才失去自信；而是因爲我們失去了自信，有些事情才顯得難以做到。

24 只要擁有一把斧頭

山裡住著一位以砍柴爲生的樵夫，在他不斷的辛苦建造下，終於完成了一間可以遮風擋雨的房子。有一天，他挑了砍好的木柴到城裡交貨，當他黃昏回家時，卻發現他的房子起火燃燒了。

左鄰右舍都前來幫忙救火，但是因爲傍晚的風勢過於強大，所以還是沒有辦法將火撲滅，一群人只能靜待一旁，眼睜睜地看著熾烈的火焰吞噬了整棟木屋。

當大火終於滅了的時候，只見這位樵夫手裡拿了一根棍子，跑進倒塌的屋裡不斷地翻找著。圍觀的鄰人以爲他正在翻找著藏在屋裡的珍貴寶物，所以也都好奇地在一旁注視著他的舉動。過了半晌，樵夫終於興奮地叫著：

「我找到了！我找到了！」

鄰人紛紛向前，一探究竟，才發現樵夫手裡捧著的是一片斧刀，根本不是什麼值錢的寶物。

只見樵夫興奮地將木棍嵌進斧刀，充滿自信地說：「只要有這柄斧頭，我就可以再建造一個更堅固耐用的家。」

☆老師的悄悄話

成功的人不是從未曾被擊倒過的人，而是在被擊倒後、還能夠自信地往成功之路不斷邁進的人。只要有一個可以活下來的信念，就可以再建造一個更精彩的生命歷程。

25 自尊，才會贏得尊敬

有一天，一隻鴕鳥與一隻麻雀相遇，牠們於是聊起天來。

「我們鴕鳥算是鳥類的巨人了，我是世上最強大的鳥。」鴕鳥自豪地說。

麻雀打量了鴕鳥一眼，不緊不慢地說：「你只管爲你身體的高大強壯自豪好了，可是與你相比起來，小小的我更算得上是一隻鳥。」

「難道我長得高大不好麼？難道我不是鳥嗎？」鴕鳥斥問道。

「你會飛嗎？你雖然高大無比，雖然也叫做『鳥』，但是你卻不能飛，這難道不是一個悲劇麼？」麻雀反問鴕鳥，然後飛走了。

鴕鳥低下頭，開始思考麻雀的話。

☆老師的悄悄話

世界上本沒有對和錯，所以我們沒有必要去評論鴕鳥和麻雀誰說得有道理。但你要知道，不自知的總是在好高騖遠，自信自尊的，才會贏得尊敬和掌聲。

26 自信贏得信賴

在動物中間展開了一場激烈的等級之爭。獅子說：「要平息這場紛爭，還是請人來裁決吧，人不介入我們的爭論，因此不會偏心的。」

「可是人能理解我們嗎？」鼴鼠發話了。

「那就得看人能否眞正識別出我們身上隱藏得很深，而又不引人注意的美德。」

「提醒得好，眞聰明！」土撥鼠趕緊附和說。

「說得對，」刺蝟也喊了起來，「我不相信，人會有那麼高的洞察力。」

「大家安靜！」獅子命令道，「我們早就發現，最不相信自己美德的人，也就最愛懷疑他的仲裁者的判斷力。」

於是人當了裁判。

「我還有一句話，」威嚴的獅子向人喊道，「人，在你宣布評比結果以前，請問你是按什麼標準來估算我們的價值呢？」

「按什麼標準嗎？那當然是按照你們對我有多大用處來決定。」人回答說。

「妙極了！」感到受辱的獅子說，「這樣我不知要比驢低多少等呢！你當不了我們的裁判人，請你退出會場。」

於是人離開了會場。

鼴鼠幸災樂禍地說：「你們看見了嗎？獅子也認爲人不能當我們的裁判，獅子和我們眞是不謀而合呀。」土撥鼠和刺蝟也附和著鼴鼠。

「但我的理由比你們的要充足得多！」獅子邊說邊向他們投去了輕蔑的一瞥。

獅子接著說：「我考慮了很久，我們這場對地位級別的紛爭實在無聊，它無疑是一場鬧劇！隨便你們把我說成是最高貴的也好，最卑賤的也罷，我都不在乎。我認識我自己，這就足夠了！」說罷走出了會場。

繼獅子之後，聰明的大象，勇敢的老虎，莊重的熊，機警的狐狸，高貴的馬，……總之，凡是感到了或相信能感到自己價值的動物都走了。

因會議被破壞而顯得怏怏不樂的猴和驢，是最後一批離開會場的。

☆老師的悄悄話

能夠信賴自己的物種，在和別的物種交往中，就能充滿自信，並富有寬容心。自然也就能從別的物種那裡贏得信賴。

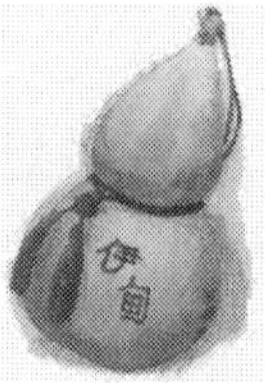

27 自戀和自卑都是一種病

一個萬籟俱寂的月夜，天使進入動物園，問動物們是否滿意自己的面貌，如果不滿意，可以給他們整容使之變得漂亮些。

天使先問猴子，猴子說：「我不覺得自己難看，但大象的鼻子真醜。」

象大聲叫道：「我肥頭大耳多體面，只是馬的臉未免太長了呀！」

馬聽了恨不得踢象一腳，立即說：「我臉雖長，卻很清秀，熊的臉和眼睛多難看呀！」熊低了頭，似乎很鎮靜，心裡卻氣極了，忽然一隻兔子跑了過來，熊指著兔子說：「兔子尖嘴尖臉，眞不漂亮。」

兔子怒道：「誰不說我小巧伶俐，你們都瞎了眼嗎？這隻野豬才是世上最醜的呢！」

野豬對天使說：「我們中間算猴子的臉最怪，他爲何不要整容呢？」

「你們既都滿意自己，都見別人醜，我就不替你們整容了。」天使說完走了。

☆老師的悄悄話

看來，動物對自己的容貌還是滿自信的。不論你長得怎樣，覺得別人都比不上自己好看，或者覺著自己都比不上別人好看都是一種病。前者是自戀，後者是自卑。

28 做好一塊蘋果餅

在美國耶魯大學的入學典禮上，校長每年都要向全體師生特別介紹一位新生。

一次，校長隆重推出的，是一位自稱會做蘋果餅的女同學。大家都感到奇怪：怎麼只推薦一個特長是做蘋果餅的人呢？最後校長自己揭開了謎底。

原來，每年的新生都要填寫自己的特長，而幾乎所有的同學都選擇諸如運動、音樂、繪畫等，從來沒有人以擅長做蘋果餅爲賣點。因此，這位同學便脫穎而出。

這眞是一位聰明的學生。如果當初她填上「擅長廚藝」，結果會怎樣？肯定不會像「做蘋果餅」這麼打動人心。其實，那些填寫運動、音樂、繪畫的，可能也就是會打打羽毛球、吹吹口哨或者畫幾筆素描。但是，他們不敢

那樣寫，非要用一個大而籠統的概念，把自己的特長掩蓋起來。

☆老師的悄悄話

細細打量，這背後更多的是心虛。而細化自己的特長，則顯示出一種天真的可愛和拙樸，同時也是一種自信。有些特長雖然不偉大、不高貴，但是它照樣可以讓我們享受一生。細化它們，並張揚它們，你的自信便一點一滴地滲透出來。

29 點一盞希望的燈

一老一小兩個相依爲命的瞎子，每天靠彈琴賣藝維持生活。一天，老瞎子終於支撐不住，病倒了，他自知不久將離開人世，便把小瞎子叫到床頭，緊緊拉著小瞎子的手，吃力地說：「孩子，我這裡有個秘方，這個秘方可以使你重見光明。我把它藏在琴裡面了，但你千萬記住，你必須在彈斷第一千根琴弦的時候，才能把它取出來，否則你是不會看見光明的。」小瞎子流著眼淚答應了師父。老瞎子含笑離去。

一天又一天，一年又一年，小瞎子用心記著師父的遺囑，不停地彈啊彈，將一根根彈斷的琴弦收藏著，銘記在心。當他彈斷第一千根琴弦的時候，當年那個弱不禁風的少年小瞎子已到垂暮之年，變成一位飽經滄桑的老者。他按捺不住內心的喜悅，雙手顫抖著，慢慢地打開琴盒，取出秘方。

然而，別人告訴他，那是一張白紙，上面什麼都沒有。

淚水滴落在紙上，他笑了。

老瞎子騙了小瞎子？

這位過去的小瞎子、如今的老瞎子，拿著一張什麼都沒有的白紙，爲什麼反倒笑了？

就在拿出「秘方」的那一瞬間，他突然明白了師父的用心，雖然是一張白紙，但卻是一個沒有寫字的秘方，一個難以竊取的秘方。只有他，從小到老彈斷一千根琴弦後，才能了悟這無字秘方的眞諦。

那秘方是希望之光，是在漫漫無邊的黑暗摸索與苦難煎熬中，師父爲他點燃的一盞希望的燈。倘若沒有它，他或許早就會被黑暗吞沒，或許早就已在苦難中倒下。就是因爲有這麼一盞希望的燈的支撐，他才堅持彈斷了一千根琴弦。他渴望見到光明，並堅定不移地相信，黑暗不是永遠，只要永不放棄努力，黑暗過去，就會是無限光明。

☆老師的悄悄話

任何事物都有其增長、發展的極限，當到達極限的時候，就會出現意想不到的結果，這結果是對發展過程的全面突破，其面貌是嶄新的，與原有的設想和期盼不同。

30 最後的兩個蘋果

有兩個朋友患難與共，形同親兄弟。上帝不相信人間還有眞正的友誼，於是就設計考驗他們。

有一天，這兩位朋友在大沙漠中迷失了方向，面臨死亡。這時，上帝出現了：「我的孩子，前面一棵樹上有兩個蘋果，吃下大的那個，就能抗拒死亡，走出沙漠，小的那個，只能令你苟延殘喘，最終還會極痛苦地死去。」

兩個朋友向前走了一段路，果然發現了一棵樹，也發現了樹上的兩個蘋果。可是，他們誰也不去碰那個會給一個人帶來生命之光的果子。

夜深了，兩個好朋友深情地凝望著對方，他們都相信，這是他們的最後一晚。

當太陽從沙漠的一端再次升起的時候，其中一個朋友醒了過來，他發現

另一位不在了，而樹上只剩下了一個乾乾巴巴的小蘋果。他失望了，不是因爲死亡，而是因爲朋友的背叛。他悲憤地吃下了這個蘋果，繼續向前方走去。

大約走了半個多小時，他看見了倒在地下的朋友，朋友已經停止呼吸了，可是他的手上緊緊握著一個更小的蘋果。

☆老師的悄悄話

每個人都希望被別人理解、原諒、信任，但想一想你是怎樣對待別人的呢？信任是一汪清泉，當你捧起它的時候，你才能喝到甘甜的泉水；一旦你放棄它的時候，它無論如何也無法爲你解渴了。

31 在心頭點燃一根火柴

老教授和他的兩個學生準備進溶洞考察。溶洞在當地人們的眼裡是一個「魔洞」，曾經有膽大的人進去過，但都一去不復返。

隨身攜帶的計時器顯示著，他們在漆黑的溶洞裡走過了十四個小時，這時，一個有半個足球場大小的水晶岩洞呈現在他們的面前。他們興奮地奔了過去，盡情欣賞、撫摸著那迷人水晶。待激動的心情平靜下來之後，其中那個負責畫路標的學生忽然驚叫道：「剛才我忘記刻箭頭了！」他們再仔細看時，四周竟有上百個大小各異的洞口。那些洞口就像迷宮一樣，洞洞相連，他們轉了很久，始終沒能找到退路。

老教授在洞口前默默地搜尋著，突然他驚喜地喊道：「在這兒有一個標誌！」他們決定順著標誌的方向走。老教授走在前面，每一次都是他先發現

標誌的。

終於，他們的眼睛被強烈的太陽光刺疼了，這就意味著他們已經走出了「魔洞」。那兩個學生竟像孩子似的，掩面哭泣起來，他們對老教授說：「如果沒有那位前人，……」老教授緩緩地從口袋裡掏出一塊被磨去半截的石灰石，遞到他倆面前，意味深長地說：「在沒有退路可言的時候，我們唯有相信自己……」

☆老師的悄悄話

是啊，人生其實不就是一次最有意義的探險嗎？面對人生的許多「魔洞」，我們不能怨天尤人、自暴自棄，唯有在心頭點燃一根火柴，點亮人生的希望，並義無反顧地走下去！

32 再等待最後一天

一個女孩考試後等不到錄取通知書，她忍受不了等待的煎熬，更認爲自己一定落榜了，於是投河而死，但第二天，通知書寄到了她的家。

一位男子向一個女孩求愛，送一次紅玫瑰，被拒絕，送第二次，又被拒絕，但他堅持每天送一次，耐心地等待有一天她會愛上他。這似乎是很簡單的笨拙的方法，但是他認爲有效。最終，女孩嫁給了那位男子。

☆老師的悄悄話

你像女孩子那樣放棄過嗎？你像男孩子那樣堅持過嗎？毅力、耐心，是你等待成功的重要因素，在等待的時候不要灰心失望，也不要著急。只要相信成功的種子正在你看不見的地方成長，你就能看見它的豐碩果實。

33 你相信自己是什麼

有一位王子，長得十分英俊，但卻是一個駝子，這個缺陷使他非常的自卑。

有一天，國王請了全國最好的雕刻家，刻了一座王子的雕像。雕刻家刻出的雕像沒有駝背，背是直挺挺的。國王將此雕像豎立於王子的宮前。

當王子在宮門前看到這座雕像時，他心中產生一種震撼。

幾個月之後，百姓們說：「王子的駝背不像以往那麼嚴重了。」當王子聽到這些話時，他內心受到了鼓舞。

有一天，奇蹟出現了，當王子站立時，背是直挺挺的，與雕像一樣。

☆老師的悄悄話

一個人是什麼，是因爲他相信自己是什麼。人的許多缺陷都是由自己的心理造成的，正所謂「相由心生，相隨心滅」。你能看見與否，取決你相不相信。

34 求人不如求己

佛印禪師有一天與蘇東坡在郊外散步。走著走著，他們來到了一座小廟。

蘇東坡走進廟裡，廟裡供著觀世音菩薩，菩薩手中握著一串念珠，好像正聚精會神地念著佛號。

蘇東坡心生疑問，對佛印禪師說：「我們常常在拜觀世音菩薩，口中不停地念著觀世音菩薩。可是觀世音菩薩好像也在念佛啊！她到底在念著誰的名號呢？」

佛印禪師笑著說：「她也念自己觀世音菩薩的名號啊。」

蘇東坡不以爲然地說：「自己念自己的名號，又有什麼用呢？」

佛印禪師道：「求人不如求己啊。」

☆老師的悄悄話

求人不如求己。把希望寄託於別人，收到的只是失望；只有相信自己的力量，才會創造出自己想要的成功。

35 試著相信陌生人

有個青年，住在山頂，每次傍晚收工後，他都要走一段崎嶇小路，才能抵達家門。

有一天，工廠趕工，他必須做超時工作。收工後已到半夜。當他在那段小路走著時，突然狂風大作，烏雲密布，大地一片漆黑，四處的燈又突然熄滅。此時，他心情非常緊張，便加快步伐趕路，在倉促間，突然腳下一滑，掉進了一個大洞……

「救命啊！」在千鈞一髮之時，他抓住了一根樹枝而沒有被摔下。

那青年往下看，看不到洞底。四周又黑漆漆的伸手不見五指。他雙手一直抓住樹枝不放，擔心會掉下「無底洞」。

他無數次地高喊「救命」，希望能碰到路人，把他救上來。

突然，他聽到上面傳來一個聲音：「年輕人，你是不是在喊救命？」

「是啊，求您老救救我！」

「年輕人，你要我救你，你一定要相信我！」那人說道。

「我相信您！」

「絕對相信？」

「絕對相信！」

「那好，放開你的雙手吧！」

那青年人抓緊樹枝，大咒那想害他的人！「你想害我，鬼才相信你呢！」

他抓緊樹枝拼命堅持，在他終於堅持不下去時，掉了下去。他心想，這下完了！還沒等他叫出口，腳便落在堅實的地上。

天亮時，他看到落地的地方距離那樹枝幾乎觸手可及。他很懊悔，「我早相信那人，不早就轉危爲安了？」

☆老師的悄悄話

如果青年人早相信那個人的話，他肯定早就轉危爲安了。人在很多時候，總是不能相信那些好心的陌生人，然而也就在此時，錯過了很多讓自己成功的機會。

36 我們等到那一天

在很久以前，大海邊住著一對相愛著的青年男女，後來他們成了家。那年頭，海盜很猖獗，小夫妻倆家中僅有的幾件值錢的東西和糧食都被搶光了。於是，丈夫就冒著被海盜抓去的危險，一個人撐著一葉小舟出海捕魚，爲的是給新婚的妻子補養身子。

可是沒多久，年輕的丈夫被一群海盜抓去了，做了海盜船上的水手。天黑的時候，妻子不見丈夫回來，知道出了事，傷心極了。但她相信自己的丈夫會在某一天的夜晚突然回來。

於是，年輕的妻子夜夜默守著一盞孤燈，等待丈夫歸來。

等啊等，她捱過了一夜又一夜，一年又一年，從滿頭青絲到兩鬢蒼蒼，可是丈夫卻再也沒有回來。然而妻子從來沒有絕望過。因爲她相信，只要自

己屋中這盞燈不滅，終有一天丈夫會尋著燈光歸來。

☆老師的悄悄話

人世間的愛就像一盞明燈，閃爍著人性最美麗的東西。它照亮我們孤獨的心房，照亮我們的行程和歸途，給人世間的伴侶以無窮的希望和力量。感謝愛的明燈，它讓整個世界亮麗起來。

37 世界上沒人和你一樣在意你

二十年前，一個女孩子在北京的一所大學上學。大部分的日子，她都在疑心、自卑中度過。她疑心同學們會在暗地裡嘲笑她，嫌她肥胖的樣子。

她不敢穿裙子，不敢上體育課。大學時期結束的時候，她差點畢不了業，不是因爲功課太差，而是因爲她不敢參加體育長跑測試！老師說：「只要你跑了，不管多慢，都算你及格。」

可是她就是不跑。她想跟老師解釋，她不是在抗拒，而是因爲恐慌，恐懼自己肥胖的身體跑起步來愚笨的樣子，會遭到同學們的嘲笑。可是，她連給老師解釋的勇氣也沒有，茫然不知所措，只能傻乎乎地跟著老師走。老師回家做飯去了，她也跟著。最後老師煩了，勉強算她及格。

她，就是現在中央電視臺著名節目主持人——而且是第一個完全依靠才氣、絲毫沒有憑借外貌走上中央電視臺主持人崗位的。她的名字叫張越。

☆老師的悄悄話

原來，再優秀的人也曾經自卑過，原來自卑是可以徹底擺脫的。自卑是一種不相信自己的外在表現，只要你輕鬆的走出來，你會發現你的自卑有多麼可笑——世界上沒有一個人會和你一樣在意你自己。

38 黑點與白點

老師在黑板上掛了一張「畫」，白紙中畫了一個黑色圓點。

「你們看見了什麼？」老師問。

全班學生一起回答：「一個黑點。」

老師說：「只說對了極少一部分，畫中最大的部分是空白。只見小，不見大，就會束縛我們的思考力。成千上萬的人不能突破自己。原因正在這裡。」

☆老師的悄悄話

這個黑點恰似人的缺點。盯住自己的缺點不放，你會成爲一個自卑而怯懦的人；盯住別人的缺點不放，你就會失去世界上所有的朋友。

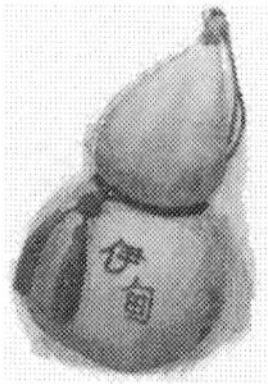

39 善於利用自己的「裂縫」

挑水工有兩個水罐，一個完好無缺，一個有一條裂縫。

每天早上，挑水工都拎著兩個水罐去打水，但到家的時候，有裂縫的水罐裡只剩下一半的水了。所以，完美的水罐常常嘲笑那個有裂縫的水罐，而有裂縫的那個水罐也因此十分自卑。

終於有一天，在挑水工打水的時候，有裂縫的水罐難過地哭了。它對挑水工嗚咽道：「眞對不起，因爲我的裂縫，每天浪費了您很多時間。」

挑水工聽了說：「不，沒有浪費。不信，你可以看一下回家路上的那些鮮花。」說完，挑水工又拎著水罐往回走。

果然，有裂縫的水罐發現，不知何時，自己這邊的小路上開滿了各種鮮花，而好水罐的那邊卻沒有。挑水工邊走邊說：「我在你這邊的路上撒下了

花種，正因爲你的裂縫，才使它們每天都喝到了足夠的水，開出了美麗的鮮花。若不是你，我怎麼可能每天採花，裝飾自己的家園呢？」有裂縫的水罐聽到這兒，高興地笑了。

☆老師的悄悄話

人生旅途中的你，也許和這水罐一樣，有時難免有些不如意的「裂縫」。這時請不要悲觀和失望，只要我們善於利用自己的「裂縫」，也會使旅途中開滿美麗的「鮮花」。

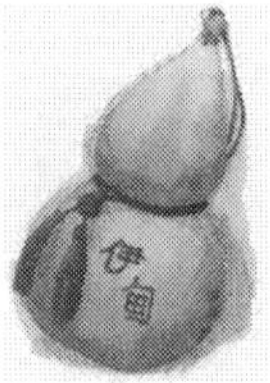

40 小不忍則亂大謀

在非洲草原上，有一種不起眼的動物叫吸血蝙蝠。牠身體極小，卻是野馬的天敵。

這種蝙蝠在攻擊野馬時，常趴在馬腿上，用鋒利的牙齒極敏捷地刺破野馬的腿，然後用尖尖的嘴吸血。無論野馬怎麼蹦跳、狂奔，都無法驅逐這種蝙蝠。

蝙蝠直到吸飽吸足，才滿意地飛去。而野馬常常在暴怒、狂奔、流血中無可奈何地死去。

動物學家們在分析這一問題時，一致認爲吸血蝙蝠所吸的血量是微不足道的，遠不會讓野馬死去，野馬的死，應歸咎於牠暴怒的習性和狂奔所致。

☆老師的悄悄話

小不忍則亂大謀。想要做大事業，就得有能盛得下大事業的心胸和度量。

凡事由心生。如果你被打敗了，就是因爲你的心被征服了。

41 再美的花朵也是一種草

春天，小草剛被融雪洗出它們嫩嫩的芽尖時，老師告訴鄉下的同學們，學校準備組織他們到百里外的城市去參加作文競賽。

孩子們一聽又興奮又擔憂，興奮的是他們能夠坐上大巴士去城裡看看，擔憂的是，他們這群山裡的孩子，作文能賽過城裡的學生嗎？

頭髮花白的老校長看出了孩子們的憂慮，他說：「你們常常上山下田，誰能說出一種不會開花的草？」

是啊！孩子們想來想去，把每一種草都想遍了，可是誰也沒有想出鄉間有哪一種草是不會開花的。蒲公英的花朵金黃金黃的，秋天時結滿了降落傘似的小絨球。狗尾草狗尾巴似的綠穗穗就是它的花朵，就連那些麥田裡的薺薺草也是會開花的，它的花潔白潔白的，有米粒那麼大，像早晨被太陽鍍亮

的一顆顆晶瑩的露珠。

☆老師的悄悄話

每一種草都是一種花，栽在精美花盆裡的花都是一種草，而生長在田地邊和山野裡的草也是一種花。不論生活在哪裡，我們和其他人一樣，都是一種草，也都是一種花。記住，沒有一種草是不會開花的，再美的花朵也是一種草！

第三章
PART 3

困難挑戰與機遇

——振作精神，把生活的絆腳石變成墊腳石

42 聽不見自己音樂的音樂家

貝多芬到了晚年，耳朵完全聾了。他指揮著交響樂隊在演奏，自己卻沒有聽到什麼。聽眾向他發出雷鳴般的掌聲，他也不知道。到了同伴向他示意的時候，他才猛醒過來，向聽眾致謝。匈牙利著名的音樂家李斯特，曾經在貝多芬面前演奏鋼琴。李斯特接受了這位長者的忠告，奏出了一串串美妙的樂音，但是貝多芬卻一點也聽不見，他只是從李斯特的面部表情和手指動作，理解到他的造詣。

然而，就是這麼一位生理上存在如此嚴重缺陷，幾乎完全聽不到任何普通音響的人，卻陸續寫下了那麼大量美妙的樂章，他爲的不是自己的耳朵，他爲的是廣大群眾的耳朵！

☆老師的悄悄話

在一個音樂大廳裡面，美妙的樂音四溢，所有的人都沉浸在甜蜜的藝術欣賞中，然而那個以全部生命活力舞動著他仙笛般的指揮棒的音樂家，自己卻一點聲音也沒有聽到。但是，這位不幸的音樂大師，他所感受到的幸福，是許許多多的人所沒法體驗到的：不被缺陷和困難嚇倒的那種精神創造的快樂！

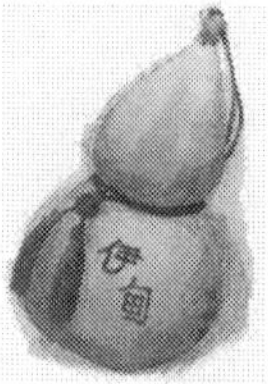

43 向後看一看

一條大河上架有一座橋，要過完這座橋，需要兩分鐘的時間；但橋兩頭都有一個崗哨，每隔一分鐘就有人出來查看一次，不讓河兩邊的人到對岸去。如果你有急事過河，怎樣才能順利過橋呢？

方法其實很簡單：用一分鐘的時間走到橋中央，在崗哨有人出來前，先掉頭往回走，這樣站崗的人就以爲你是對岸的，自然會將你「趕回」河對岸，目的也就達到了。

☆老師的悄悄話

人生時時刻刻都會碰到各種各樣的困難，不顧一切地向前，雖然勇氣可嘉，但往往有勇無謀而導致頭破血流，在前進的合適時機往後退一步。試著往後退一步，向後看一看，世界反而又是一片海闊天空。

44 人活的是一種精神

有一年，一支英國探險隊進入了撒哈拉沙漠地區。茫茫的沙海裡，陽光下，漫天飛舞的風沙像燒紅的鐵砂一般，撲打著探險隊員的面孔。隊員們口渴似炙、心急如焚，可是大家的水都喝光了。

這時，隊長拿出一個水壺，說：「這裡還有最後一壺水。但是在走出沙漠以前，誰也不能喝。」

一壺水，成了穿越沙漠的信念的源泉，成了隊員們求生的希望。水壺在隊員們的手中傳遞，那沉甸甸的感覺，每每使隊員們在瀕臨絕望的時候，又顯露出堅定的神色。

終於，探險隊頑強地走出了沙漠，掙脫了死神的魔掌。大家喜極而泣，用顫抖的手擰開了那壺支撐他們精神和信念的水。

水壺裡緩緩流出來的，卻是一壺滿滿的沙子。

☆老師的悄悄話

其實，人活的是一種精神、一種希望！如果失去了希望，也就失去了一切。

不斷的給周圍的人和自己以希望，我們就能克服任何逆境和困難。

45 逆風而上

大學畢業時，老教授問了學生這樣一個問題：

「當狂風暴雨來臨，泥石流滾滾而下的時候，你正好站在一座大山腳下，這時，你是向風雨猛烈的山頂跑呢，還是迅速向平坦的窪地撤退？」

「當然是向平坦的窪地撤退了。」學生們不加思索地回答。

「錯。」老教授平靜地說。接下來，老教授講的話讓同學們恍然大悟。

如果向平坦的地方跑，你跑得再快，也不可能快過山洪暴發引起的那一瀉千里的泥沙石塊，這些泥沙石塊隨時都有可能將你悄無聲息地埋沒。

如果你繼續向山頂攀登，向上跋涉，雖然這樣很緩慢，但至少山頂是沒有土石流的，這樣你就少了一份危險，你等於是在爲自己創造一個安全的環境，是在一步步地向生的希望邁進！

☆老師的悄悄話

繼續向山頂攀登，雖然這樣很緩慢，但至少你少了一份危險，你在爲自己創造一個安全的環境，一步步地向生的希望邁進！不管是什麼樣的困境，你都要邁向風雨。有時看起來比較困難的方法，往往是成功的捷徑。

46 任何抱怨都是無濟於事的

一條生活無聊的魚，總想找個機會離開大海。一天，牠被漁夫打撈了上來，放養在一口破舊的水缸中。

每天，漁夫總會往水缸裡放些魚蟲，魚大口地吃著，累了則可以停下，打個盹。魚兒開始慶幸自己的美妙命運，慶幸現在的生活，慶幸自己一身花衣。

日子一天一天地過，魚兒一天一天地游。牠似乎有些厭倦，但再也不願回到海中。「我是一條漂亮的魚。」牠總是這樣對自己說。漁夫要出遠海，十天半月才能回家。魚兒只好吃漁夫兒子的殘羹剩飯，心情極糟。

終於，消息傳來，漁夫出海遇難了。漁夫兒子收拾東西搬走了。什麼都帶上了，只忘了那條漂亮的魚。魚很悲傷，想到昔日漁夫待牠實在不薄，現

在卻遇難身亡，牠十分悲傷。魚開始抱怨，抱怨水缸太小，抱怨伙食太差，抱怨漁夫的兒子對牠無禮，抱怨漁夫輕易出海，甚至抱怨牠決意離開大海時，夥伴們爲何不加勸阻，抱怨牠所認識的一切，只忘了抱怨牠自己。

時間靜悄悄地過去了，破水缸裡的這條魚看上去的確很漂亮，但牠卻是一條死魚。

☆老師的悄悄話

當困難和災難來臨時，任何抱怨都是無濟於事的。如果我們不能去改變，那我們就去適應，然後想方設法解決問題，在解決問題中擺脫現狀。

47 衝出去，才有希望！

有一天，毛毛蟲問蝴蝶：「我要怎樣才能變成一隻蝴蝶？」

「要成爲蝴蝶，首先要有飛行的渴望，其次要有勇氣衝出束縛你的安全、溫暖的繭。」

「那不就是死亡嗎？」

「表面看是死亡，實際上是新生。在現實生活中，這就是差別。有的成爲蝴蝶，有的因逃避而死亡。」

☆老師的悄悄話

某些時候，不是因爲難，我們才不敢去做，而是因爲我們不敢去做，事情才變得困難。關鍵是衝出去！衝出去，才有希望！

48 從災難中找出價值

一九一四年十二月，大發明家湯瑪斯·愛迪生的實驗室在一場大火中化爲灰燼，損失超過二百萬美金。那個晚上，愛迪生一生的心血成果，在無情的大火中付之一炬。

大火最凶的時候，愛迪生二十四歲的兒子查里斯在濃煙和廢墟中，發瘋似地尋找他的父親。他最終找到了：愛迪生平靜地看著火勢，他的臉在火光搖曳中閃亮，他的白髮在寒風中飄動著。

「我眞爲他難過，」查里斯後來寫道，「他都六十七歲了，不再年輕了，可是眼下這一切都付諸東流了」。他看到我就嚷道：「查里斯，你母親去哪兒了？去，快去把她找來，這輩子恐怕再也見不著這樣的場面了。」

第二天早上，愛迪生看著一片廢墟，說道：「災難自有它的價值，瞧，

我們以前所有的謬誤過失，都給大火燒了個一乾二淨，感謝上帝，這下我們又可以從頭再來了。」火災剛過去三個星期，愛迪生就開始著手推出他的第一部留聲機。

☆老師的悄悄話

是的，當你的人生遭遇無情災難的時候，仍要去感謝上帝，它讓我們懺悔，讓我們反省，讓我們總結經驗——它是在讓我們從災難中找出價值。

49 絕境創造奇蹟

在法國一個位於野外的軍用飛機場上，一位名叫桑尼耳的飛行員，正在專心致志地用自來水槍清洗戰鬥機。突然，他感到有人用手拍了一下他的後背。回頭一看，他嚇得大叫一聲，拍他的哪裡是人，一隻碩大的狗熊正舉著兩隻前爪，站在他的背後！桑尼耳急中生智，迅速把自來水槍轉向狗熊。也許是用力太猛，在這萬分緊急的時刻，自來水槍竟從手上滑了下來，而狗熊已朝他撲了過去，……他閉上雙眼，用盡吃奶的力氣縱身一躍，跳上了機翼；然後大聲呼救。

警戒哨裡的哨兵聽見了呼救聲，急忙端著衝鋒槍跑了出來。兩分鐘後，狗熊被擊斃了。

事後，許多人都大惑不解：機翼離地面最起碼有二．五公尺的高度，桑

尼耳在沒有助跑的情況下，居然跳了上去，這可能嗎？如果眞是這樣，桑尼耳不必再當飛行員了，而應當一名跳高運動員，去創造世界紀錄。

然而，事實確實如此。

後來，桑尼耳做了無數次試驗，再也沒能跳上機翼。

☆老師的悄悄話

在日常生活中，一個絕境就是一次挑戰、一次機遇，如果你不是被嚇倒，而是奮力一搏，也許你會因此而創造超越自我的奇蹟。

50 把絆腳石變成墊腳石

一個走夜路的人碰到一塊石頭，他重重地跌倒了。他爬起來，揉著疼痛的膝蓋繼續向前走。他走進了一個死胡同。前面是牆，左面是牆，右面也是牆。前面的牆剛好比他高一頭，他費了很大力氣也攀不上去。

忽然，他靈機一動，想起了剛才絆倒自己的那塊石頭，爲什麼不把它搬過來墊在腳底下呢？想到就做，他折了回去，費了很大力氣，才把那塊石頭搬了過來，放在牆下。

踩著那塊石頭，他輕鬆地爬到了牆上，輕輕一跳，他就越過了那堵牆。

☆老師的悄悄話

逆境人人都會遇到，但是更多的人被絆腳石絆倒以後，就再也爬不起來了，更不會化不利爲有利，把絆腳石變成墊腳石。

51 找到一個新的起點

一名少年背負沙鍋前行，不小心繩子斷了，沙鍋掉在地上就碎了，少年頭也不回繼續前行。

有人攔住少年問：

「你不知道沙鍋碎了嗎？幹嗎不看看？」

少年說：

「已經碎了，回頭又有什麼用？」說罷繼續趕路。

☆老師的悄悄話

人生的失敗，大多是無法挽回的，越想補償、越不甘心就越痛苦，況且那失敗像破碎的瓷器、像潑出的水，怎麼也不能回復到原來的樣子。所以在失敗的時候，最重要的是找到一個新的起點，重新開始，繼續前行。

52 還有一線希望

在北極圈附近，生活著一種群居的馴鹿，每年牠們要在生活區內南北穿越幾百里，以此選擇牠們生存的棲息地。當北極圈一帶的冬天到來，冰雪封山時，牠們就要穿越生活區南邊一條近百公尺寬的冰河，忍著時刻被凍死或餓死的危險越過河去。河水不結出厚厚的冰，牠們是過不去的，牠們要在寒風中等待著河上結出厚冰。

在這期間，馴鹿們相互依偎在枯草或山岩的縫隙中藏身。也總有一些馴鹿被凍死在河的北岸。只有那部分倖存者們踩著冰河，在河的南岸上找到牠們的越冬棲息地。當春天再來，河北岸上牠們原來的生活區裡又泛出綠色時，牠們又得重回故里。並不完全因爲牠們思念這山或草，而是因爲另一種更殘酷的命運在等待牠們。

春天一到，馴鹿們暫時寄居越冬的稀疏草地上，各種猛獸都紛紛從更遠的南方北遷，重回到牠們原來的生活區。所以馴鹿們又不得不穿越冰河，重返自己的家園。這是一種近乎殘酷的回歸。

這條冰河成了馴鹿們生命旅途中唯一逃命的跳板。衝不過冰河，牠們就會被那些南回的猛獸們吃掉，那片草地僅僅是馴鹿們臨時的寄居地。然而，剛解凍的冰河水流湍急，牠們只有踩著漂浮在水流上的一個個大冰塊，順著水流漂回家園。有的在河岸上挨不住冷被凍死，有的從冰塊上滑進水中被淹死，場景極爲悲壯。

☆老師的悄悄話

想想那些馴鹿穿越冰河的場景——牠讓我們難免對生命有一種無言的敬畏，對苦難有一種搏擊的亢奮和喜悅。每每遇到一些挫折和不順時，告訴自己：還有一線希望！

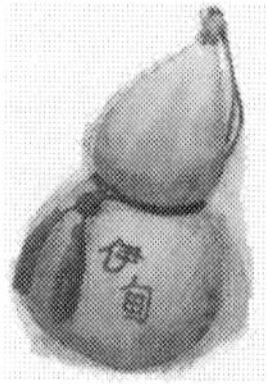

53 忘記過去，重新開始

英國史學家卡萊爾費盡心血，經過多年的努力，總算完成法國大革命史的全部文稿，他將這本巨著的原件送給他的朋友米爾閱讀，請米爾批評指教。

誰知隔了沒幾天，米爾臉色蒼白、渾身發抖地跑來，他向卡萊爾報告了一個悲慘的消息。

原來法國大革命史的原稿，除了少數幾張散頁外，已經全被他家裡的女傭當作廢紙，丟入火爐化爲灰燼了。

失望陡然間充塞於卡萊爾心間，因爲這是他嘔心瀝血撰寫的法國大革命史。當初他每寫完一章，隨手就把原來的筆記撕成碎片，所以沒有留下任何記錄。

但第二天，卡萊爾重振精神，又買了一大疊稿紙。後來他說：「這一切就像我把筆記簿交給小學老師批改時，老師對我說：『不行！孩子，你一定要寫得更好些！』」

我們現在所讀到的法國大革命史，正是卡萊爾重新寫過的。

☆老師的悄悄話

突如其來的意外和打擊，可能會讓你絕望，留下重創或從此失去一切。但當你能夠接受這個現實，並重新開始時，你就已經在向成功邁進了。

54 缺點也可以鑄就人生

有一位種蘋果的人，他的高原蘋果色澤紅潤，味美可口，供不應求。有一年，一場突如其來的冰雹，把即將採摘的蘋果砸開了許多傷口，這無疑是一場毀滅性的災難。眼看著蘋果無法銷出，不僅如此，如不按期交貨，還要按合同一一賠款。然而樂觀的果農卻打出了這樣的一則廣告：

「親愛的顧客，您們注意到了嗎？在我們的臉上有一道道的傷疤，這是上帝饋贈給我們高原蘋果的吻痕——高原常有冰雹，高原蘋果才有美麗的吻痕。味美香甜是我們獨特的風味，那麼請記住我們的正宗商標——傷疤！」

讓蘋果說話，這則妙不可言的廣告，再一次使果農的蘋果供不應求，贏得了另一種成功。

☆老師的悄悄話

塵世萬物沒有絕對的一路順風，沒有絕對的十全十美。有些困境可能恰恰是成功的前提條件，有些缺點可能又恰恰是一種美麗的優點，不經意間鑄就了另一種人生。

55 踩在別人的肩膀上

狐狸不小心掉進水井裡，爬不出來，只好留在裡面。這時，有一頭羊因爲口渴來到水井旁，看到狐狸在裡面，就問他水好不好喝？

狐狸故意露出高興的樣子，說這裡的水很好喝，勸羊也下來喝水。羊一心一意想喝水，毫不考慮就跳進水井裡，喝飽之後，羊就和狐狸商量如何離開水井。狐狸說：

「只要你肯幫忙，我知道有一個好辦法。是這樣的，你把前腳伏在牆上，然後把犄角伸直，等我上去後，再拉你上來。」

羊聽了狐狸的話，毫不猶豫地答應了。於是狐狸順著羊的腿、肩、犄角，慢慢爬了上去，終於爬出水井了。牠立刻就欲離去。羊抗議狐狸沒有遵守約定，狐狸回答說：

「羊先生，如果你的智慧和鬍鬚一樣多，你就該事先想好離開水井的方法，再下來喝水。」

☆老師的悄悄話

在遭遇困境的時候，儘管這個時候你需要安靜，但你更需要與人交流，透過借力擺脫困境。這時封閉自己等於毀滅，踩在別人的肩膀上逃離才是出路。

56 你是一個天生的贏家

一個人在高山之巔的鷹巢裡，捉到了一隻幼鷹。他把幼鷹帶回家，養在雞籠裡。這隻幼鷹和雞一起啄食、散步、嬉戲和休息，因此，牠一直以爲自己是一隻雞。

這隻鷹漸漸長大，羽翼豐滿了，主人想把牠訓練成獵鷹，可是由於牠終日和雞混在一起，牠已經變得和雞完全一樣，根本沒有想飛的欲望了。

主人試盡了各種辦法，連一點效果都沒有。在沒有辦法之下，主人把牠帶到了山崖頂上，一下把牠扔了出去。

這隻鷹像一塊石頭一樣一直掉了下去，在慌亂中，牠拼命地撲打翅膀，就這樣牠居然飛了起來！這時，牠終於認識到生命的力量，成爲一隻眞正的鷹。

☆老師的悄悄話

從出生的那一刻起，你就是一個天生的贏家。你只有在逆境中奮起，接受生命的挑戰，才會飛向天空，成爲一隻眞正的雄鷹。

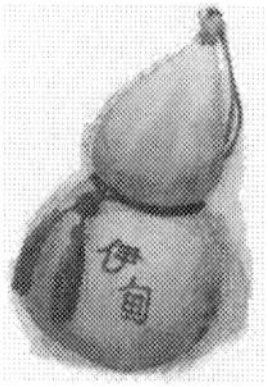

57 虻與老馬

一天，一個人走在鄉間小道上，看見一個農夫正趕著一匹馬犁地。當他走上前去準備問候這個農夫的時候，突然看到在那匹馬的側腹上有一隻很大的虻。很明顯，那隻虻正在叮咬那匹馬，而且把那匹馬叮得很不自在，因此他就想把那隻虻趕走。

正當他舉起手來的時候，農夫制止了他。農夫說：「請不要趕走牠，朋友。您知道嗎，正因爲有了這隻虻，這匹老馬才一直不停地動著。」

☆老師的悄悄話

面臨挑戰的生活經歷，可以使你的靈魂得到鍛煉和成長，可以給予你好運和福氣。如果極力逃避，自然就得不到其中隱藏的好運和福氣。

58 沒有任何一次旅行能準備充分

一位膽小如鼠的騎士，將要進行一次遠途旅行。

他竭盡所能準備好應付旅途中各種可能遇到的問題。他帶了一把劍和一副盔甲，爲的是對付他遇到的敵手；一大瓶藥膏，爲防太陽曬傷皮膚或被藤條剮傷皮膚；一把斧子，用來砍柴火；一頂帳篷、一條毯子、鍋和盤子以及餵馬的草料。

他終於上路了——叮叮，噹噹，咕咕，咚咚，好像一座難以移動的廢物堆。

當他走到一座破木橋的中間時，橋板突然塌陷，他和他的馬都掉入河中，淹死了。臨死前那一刻，他很懊悔，他忘了帶一個救生筏。

☆老師的悄悄話

事實上，沒有任何一次旅行能準備充分的，等你準備的充分時機會已經沒有了。一個人要想獲得成功並永遠立於不敗之地，就應不斷地善於挑戰和戰勝自己。

59 生於憂患，死於安樂

早在一九二五年，美國科學家麥開做了一個前無古人、後有來者的老鼠實驗。

將一群剛斷奶的幼鼠一分爲二區別對待：第一組享受「最惠國待遇」，予以充足的食物，讓其飽食終日；第二組享受「歧視待遇」，只提供相當於第一組百分之六十的食物以餓其體膚。

結果大大出人意料：第一組飽老鼠難逾千日，未到中年就英年早逝；第二組餓老鼠壽命多一兩倍，享盡高年方才壽終正寢，而且皮毛光滑，皮膚繃緊，行動敏捷，煞是耐看。更耐人尋味的是，其免疫功能乃至性功能均比飽老鼠略高一籌。

後繼科學家觸類旁通，擴大實驗範圍及細菌、蒼蠅、魚等生物，又發現

了驚人相似的一幕幕。爲論證這一普遍眞理能否放之人類而皆準，科學家又以與人類同源共祖的猴子做實驗，結果如出一轍，難分左右。

☆老師的悄悄話

安逸的日子並非都是好事，人生註定要去承受更多的痛苦和挑戰，即使今天你很安逸，明天的痛苦也會接踵而至。生於憂患，死於安樂。

60 抖落掉生命中的泥沙

有一天，農夫的一頭驢子，不小心掉進一口枯井裡，農夫絞盡腦汁想辦法救出驢子，但幾個小時過去了，驢子還在井裡痛苦地哀嚎著。最後，這位農夫決定放棄，他想這頭驢子年紀大了，不值得大費周折去把牠救出來，不過無論如何，這口井還是得填起來。於是農夫就請來左鄰右舍幫忙一起將井中的驢子埋了，以免除驢子的痛苦。

農夫的鄰居們人手一把鏟子，開始將泥土鏟進枯井中。當這頭驢子了解到自己的處境時，剛開始哭得很淒慘。但出人意料的是，一會兒之後這頭驢子就安靜下來了。

農夫好奇地探頭往井底一看，出現在眼前的情形令他大吃一驚：當鏟進井裡的泥土落在驢子的背部時，驢子的反應令人稱奇——牠將泥土抖落在一

旁，然後站到鏟進的泥土堆上面。

就這樣，驢子將大家鏟倒在牠身上的泥土全數抖落在井底，然後再站上去。很快地，這隻驢子便得意地上升到井口，然後在眾人驚訝的表情中快步地跑開了！

☆老師的悄悄話

沒有經過困苦的磨礪，就不可能成爲強者。只要我們鍥而不捨地將生命中的泥沙抖落掉，然後站上去，那麼即使是掉落到最深的井，我們也能安然地脫困。

第四章

PART 4

科學發展與教育

——順應自然，讓孩子在摔倒中成長起來

61 從詞典中把「庸才」劃去

有人問天才：「您與庸才的區別是什麼？」

天才回答說：「世上本無天才，只不過是勤奮再加點遠見罷了。」

「兩者總有點區別吧？」那人又問。

天才指著一隻毛毛蟲，問：「那是什麼？」

「毛毛蟲。」

天才又指著一枚鳥蛋，問：「這是什麼？」

「鳥蛋呀！」那人答。

天才最後指著一個嬰兒，問：「他是誰？」

「一個剛出生的嬰兒而已。」那人回答。

天才卻搖搖頭說：「那些分別是蝴蝶、雄鷹和天才，你卻說是毛毛蟲、

鳥蛋與嬰兒。這兩者的不同回答，也許就是我與庸才的區別吧。」

☆老師的悄悄話

世界上沒有絕對的天才，人與人之間最大的差別，就是個人的觀念和對事情所保持的態度。教育者的責任，就是把每一個孩子都當成天才，或者說從教育的詞典中把「庸才」劃去。

62 沒有小演員，只有小角色

一個小男孩哭著回家。因爲在學校的活動裡，老師派他扮演了一個小角色，而他的同學卻扮演主要角色。

母親聽後，冷靜地把她的錶放在男孩的手心裡，接著問男孩：「你看到什麼？」男孩回答說：「金錶殼和指針。」母親把錶背打開後，又問男孩同樣的問題，他看到許多小齒輪和螺絲。

母親對男孩說：「這個錶假使缺少這些零件中的任何一件，便不能走了。就連那些你幾乎看不到的零件，也是一樣重要。」

☆老師的悄悄話

教育者應該讓孩子明白：無論我們在生活中、社會上擔任什麼樣的角色，只要是我們份內應該做的事，就應當盡力把它做到最好。再小的事、最不起眼的小角色，也有它存在的價值和意義。

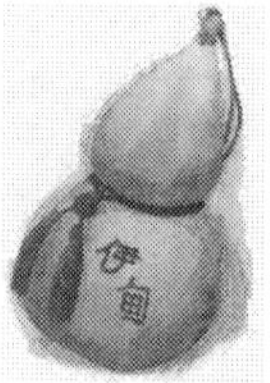

63 你並沒有用盡你所有的力量

一個小女孩在她的玩具沙箱裡玩耍。在鬆軟的沙堆上修築公路和隧道時，小女孩在沙箱的中部發現了一塊巨大的岩石。小傢伙開始挖掘岩石周圍的沙子，企圖把它從泥沙中弄出去。她是個很小的女孩，而岩石卻相當巨大。她手腳並用，似乎沒費太大的力氣，岩石便被她連推帶滾地弄到沙箱的邊緣。不過，這時她才發現，她無法把岩石向上滾動以翻過沙箱邊的牆。

小女孩下定決心，手推、肩擠、左搖右晃。可是，每當她剛剛覺得取得了一些進展的時候，岩石便滑脫了，又重新掉回沙箱。

小女孩氣得哼哼直叫，拼出九牛二虎之力猛推猛擠。但是，她卻被滾回的岩石砸傷了手指。

最後，小女孩傷心地哭了起來。這整個過程，女孩的父親從起居室的窗

戶裡看得一清二楚。當淚珠滾過孩子的臉龐時，父親來到了她的跟前。

父親的話溫和而堅定：「孩子，你爲什麼不用上你所有的力量呢？」

垂頭喪氣的小女孩抽泣道：「但是我已經用盡全力了，爸爸，我已經盡力了！我用盡了我所有的力量！」

「不對，孩子，」父親親切地糾正道，「你並沒有用盡你所有的力量。你沒有請求我的幫助。」

☆老師的悄悄話

許多問題不是一個人能解決的，有時，借助外力是必不可少的。當自己無能爲力時，請傾盡全力，包括借助外力。你並沒有用盡你所有的力量，因爲世界所有的問題都將有答案。

64 守信和聰明

一個商人臨死前告誡自己的兒子：「你要想在生意上成功，一定要記住兩點：守信和聰明。」

「那麼，什麼叫守信呢？」焦急的兒子問道。

「如果你與別人簽訂了一份合同，簽字之後，你才發現你將因爲這份合同而傾家蕩產，那麼你也得照約履行。」

「那麼，什麼叫聰明呢？」

「不要簽訂這份合同！」

這位商人指明的道理，不僅僅適用於商業領域。既然你已經許下諾言，那麼不管是什麼樣的事情，你都不能反悔。你就必須履行諾言而不能失信。

但是，怎樣才能做到不失信於人呢？不要簽訂這份合同！

☆老師的悄悄話

這是精明的商人留給兒子的第二份遺產：雖說爲人，是要言而有信，然而卻並不是毫無原則的事事都答應，言出必行。

65 做父母與做兒女的最本質區別

在舉世聞名的尼羅河口、寬闊的水底世界裡，生長著一種叫雀鯛的魚。這種魚孵卵的方法十分奇特：母雀鯛魚用嘴含著孵化小魚。

每次，母雀鯛魚產卵二十至三十個，每當母雀鯛魚產卵後，立即把受精的卵含在自己的嘴裡，一直到幼魚出世，時間長達兩個星期。為了避免自己的兒女被誤吞入腹中，在整個孵卵期裡，做母親的雀鯛忍饑挨餓、幾乎什麼東西都不敢吃。因此，身體條件不好的母雀鯛魚孵化完自己的孩子以後，往往都會餓死。

☆老師的悄悄話

這是在動物王國裡。人類中不也是這樣嗎？一個母親愛一個孩子能愛到死去。

有許多兒女，一般只會對這種愛表示接受，卻不懂得回報。這是做父母與做兒女的最本質區別。

66 做一個誠實的永爭第一的人

一位來自監獄的犯人在信中這樣寫道：小時候，有一天，媽媽拿來幾個蘋果，紅紅的，大小各不同。小男孩一眼就看見中間的一個又紅又大，十分喜歡，非常想要。這時，媽媽把蘋果放在桌上，問他和弟弟：你們想要哪個？男孩剛想說想要最大最紅的一個，這時弟弟搶先說出自己想說的話。媽媽聽了，瞪了他一眼，責備他說：好孩子要學會把好東西讓給別人，不能總想著自己。

於是，男孩靈機一動，改口說：「媽媽，我想要那個最小的，把大的留給弟弟吧。」

媽媽聽了，非常高興，在小男孩的臉上親了一下，並把那個又紅又大的蘋果獎勵給他。

他得到了自己想要的東西，從此，男孩學會了說謊。以後，他又學會了打架、偷、搶，爲了得到想要得到的東西，他不擇手段。後來，長大的男孩被送進監獄。

這是來自另一個家庭的故事。

小時候，有一天媽媽拿來幾個蘋果，紅紅的，大小各不同。小男孩和弟弟們都爭著要大的，媽媽把那個最大最紅的蘋果舉在手中，對孩子們說：「這個蘋果最大最紅最好吃，誰都想要得到它。很好，現在，讓我們來做個比賽，我把門前的草坪分成三塊，你們三人一人一塊，負責修剪好，誰做得最快最好，誰就有權得到它！」

孩子們三人比賽除草，結果，小男孩贏了那個最大的蘋果。

後來，這個男孩成了當地政府機構裡的重要官員。

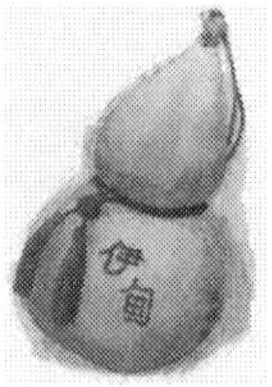

☆老師的悄悄話

推動搖籃的手，就是推動世界的手。母親是孩子的第一任教師，你可以教他說第一句謊話，也可以教他做一個誠實的永遠努力爭第一的人。

67 人生第一課

這是美國一家普通的幼稚園。

剛剛入園的兒童，被老師帶進幼稚園的圖書館，很隨便地坐在地毯上，接受他們人生的第一課。

一位幼稚園圖書館的老師微笑著走上來，她的背後是整架整架的圖書。

「孩子們，我來給你們講個故事好不好？」

「好！」孩子們答道。

於是老師從書架上抽下一本書，講了一個很淺顯的童話。

「孩子們，」老師講完故事後說，「這個故事就寫在這本書中，這本書是一個作家寫的。你們長大了，也一樣能寫這樣的書。」

教師停頓了一下，接著問：「哪一位小朋友也能來給大家講一個故事？」

一位小朋友立即站起來。「我有一個爸爸，還有一個媽媽，還有……」幼稚的童聲在教室裡迴蕩。

然而，老師卻用一張非常好的紙，很認眞、很工整地把這個語無倫次的故事記錄下來。

「下面，」老師說，「哪位小朋友來給這個故事配個插圖呢？」

又一位小朋友站了起來，畫一個「爸爸」，畫一個「媽媽」，再畫一個「我」。當然畫得很不像樣子，但老師同樣認眞地把它接過來，附在那一頁故事的後面，然後取出一張精美的封皮紙，把它們裝訂在一起。封面上，寫上作者的姓名、插圖者的姓名，「出版」的年、月、日。

老師把這本「書」高高地舉起來：「孩子，瞧，這是你寫的第一本書。孩子們，寫書並不難。他們還小，所以只能寫這種小書；但是，等你們長大了，就能寫大書，就能成爲偉大的人物。」

☆老師的悄悄話

人生第一課結束了，在不知不覺之中，孩子受到了某種「灌輸」。我們的教育者——我們的老師、家長、社會如何看待這種灌輸呢？

68 讓孩子在摔倒中成長起來

公園裡，綠草如茵，藍天如碧，年輕的母親帶著剛會走路的孩子在這裡玩耍，年輕的媽媽正幸福地望著草地上嬉笑追逐的孩子。忽然由於跑得太快，孩子一下子跌倒在地，「哇哇」地哭開了。

小孩哭著等媽媽來扶，可是那母親坐那兒沒動，微笑著對孩子說：「寶貝堅強，小男子漢，來，自己爬起來。」小孩哭了半天不見母親過來扶，自己爬起來，按照媽媽的吩咐，拍拍土，擦擦淚。小孩又高興地玩去了，不一會又跌倒了，他知道哭也無用，媽媽不喜歡跌倒哭的小孩，很乖的自己起來，拍拍土，又玩去了。

☆老師的悄悄話

孩子是在摔倒中成長起來的。父母與其援手扶持，不如給予他們爬起來的勇氣和方法。因爲，沒有受用一生的扶助，卻有鼓舞終生的勇氣和信心。

69 用心經營你的孩子

一個女人向她的朋友抱怨自己婚後生活的單調乏味，朋友指著她養的菊花，問她：「這菊花開的這麼鮮豔，你是怎麼照料的？」

她說：「我除了按時澆水施肥，每月還給它們剪枝換盆。天氣好時搬到屋外，讓它們吸收陽光，每逢颳風下雨，我再把它們搬進屋裡……」

女友打斷她的話又問：「那麼，你爲你的婚姻做了些什麼呢？」

☆老師的悄悄話

是啊，教育的事業要用心經營才能圓滿。教育孩子就像養花一樣，需要教育者精心的付出和呵護，這朵花才會越開越鮮豔。你當然渴望擁有美麗的花朵，然而你爲這朵花做了些什麼呢？

70 不幸是最好的大學

在法國里昂的一次宴會上，人們對一幅是表現古希臘神話還是歷史的油畫發生了爭論。

主人眼看爭論越來越激烈，就轉身找他的一個僕人來解釋這張畫。使客人們大爲驚訝的是：這僕人的說明是那樣清晰明瞭，那樣深具說服力。辯論馬上就平息了下來。

「先生，您是在什麼學校畢業的？」一位客人對這僕人很尊敬地問。

「我在很多學校學習過，先生，」這年輕人回答，「但是，我學的時間最長、收益最大的學校是苦難。」

他爲這苦難的課程付出的學費是很有益的，儘管當時他只是一個貧窮低微的僕人，但是不久，他終於以其智慧震驚了整個歐洲。他就是那個時代法

國最偉大的天才——法國哲學家和作家盧梭。

☆ 老師的悄悄話

不幸是最好的大學。與其給孩子物質的享受，不如找機會給孩子一些挑戰自己和克服困難的機會和經歷。不能吃苦的孩子成不了大器——這是一個不是眞理的眞理。

71 有壓力，就有動力

一九二〇年，美國一位年僅十一歲的男孩，在踢足球時不慎將鄰居的玻璃窗戶踢出一個洞來，鄰居索賠款十二・五美元。男孩哪裡有錢賠。這時，男孩回家向父親認錯。父親說：「錢可以先借給你，一年後歸還。」從此，這個男孩就開始了艱苦的打工生涯。半年後，他將十二・五美元如數還給了父親。許多年過去了，這個長大成人的男孩當上了美國總統，他就是大名鼎鼎的雷根。

讀罷這則故事，不禁使人聯想很多。這小雷根倘若沒有父親給他的「十二・五美元」的人生的壓力，他能夠奮發成才，最終成爲總統嗎？

☆老師的悄悄話

有壓力，就有動力，這是物理學上的一條公理，也是人生的一條公理。一個人飯後散步，往往輕步閒情，可是這時讓他挑著百斤重擔，他馬上就小跑開來。爲什麼？壓力產生動力。

72 不要欣賞你摔倒的那個坑

大作家沈從文曾給自己的表侄幾條人生忠告，第一條就是「摔倒了，趕快爬起來，不要欣賞你砸的那個坑。」

爲什麼這樣說呢？第一，已經摔倒了，只要能記住這次摔跤的教訓就行了，再繼續欣賞這個坑，自怨自艾顯然於事無補，相反還會把心情搞壞了；第二，這種欣賞會耽誤以後的路程，而且由於心情不好和注意力不集中，再摔跟頭的機率反而會更大。

摔跟頭、犯錯誤並不可怕，可怕的是駐足於你砸的這個坑前，忘記了前行或是不敢向前，應吸取經驗教訓，養傷蓄力，再度向前。

☆老師的悄悄話

告訴孩子：不要總去「欣賞」那些坑，不要總把那些遺憾掛在嘴上心中。人生中會有數不清的遺憾，這本就是人生的魅力，十全十美的人生，也許才是最沒意思的人生呢！接著走下去，前邊會有新的遺憾，也會有更多的收穫！

73 咀嚼過的蘋果不能吃

一個學生請教他的老師，怎樣做才能夠學會老師所有的智慧。

老師笑了笑，從桌上拿起了一個蘋果，放到嘴邊，大大地咬了一口。老師望著他的學生，口中不斷咀嚼著蘋果，不發一言。

過了好一會兒，老師才又張開嘴，將口中已經嚼爛的蘋果，吐在手掌當中。

老師伸出手，將已嚼爛的蘋果拿到學生的面前，然後對著他的學生說：「來，把這些吃下去！」

學生驚惶地說：「老師，這……這怎麼能吃呢？」

老師又笑了笑，說：「我咀嚼過的蘋果，你當然知道不能吃；但爲什麼又想要汲取我的智慧的精華呢？你難道眞的不懂？所有的學習，都必須經過

你本身親自去咀嚼的——」

☆老師的悄悄話

蘋果新鮮而甜美的滋味，是需要由你自己來品嘗與體會的。學習的過程，除了你自己，沒有任何人可以代勞。只有自己不斷反省、思考，才會成爲自己寶貴的經驗。

74 多讀些好書是件好事

著名歷史學家麥考萊曾給一個小女孩寫信說：

「如果有人要我當最偉大的國王，一輩子住在宮殿裡，有花園、佳餚、美酒、大馬車、華麗的衣服和成百的僕人，條件是我不讀書，那麼我絕不當國王。我寧願做一個窮人，住在藏書很多的閣樓裡，也不願當一位不愛讀書的國王。」

☆老師的悄悄話

讀書，這個我們習以爲常的平凡過程，實際是人的心靈和一切民族的偉大智慧相結合的過程。教育孩子多讀一些好書終歸是一件好事。

75 不耕田，怎能下田？

村裡有位捕魚的老人，因爲捕魚技術特別好，人們都稱他爲「漁王」。令漁王傷心的是，他兒子的捕魚技術卻十分平庸。

一次，漁王向一位路過他家的客人抱怨自己的苦惱：「從小開始，我就一步一步地教他怎樣撒網、怎樣捉魚。我把一個捕魚人所有的本領全教給了他，以及我自己多年總結的經驗，一點不漏地傳授給他。可是令我想不通的是，他的技術還不如其他一般漁民的兒子。」

客人聽了，想了一會兒，問：「他每次出海都跟著你嗎？」

「那當然！」漁王說，「爲了不讓他走彎路，我一直在他旁邊教導，親自指揮他捕魚。」客人點點頭，說：「這就是了。你雖然教給他一流的捕魚技術，卻忘了讓他自己去吸取經驗和教訓。要知道，無論做什麼事情，經驗

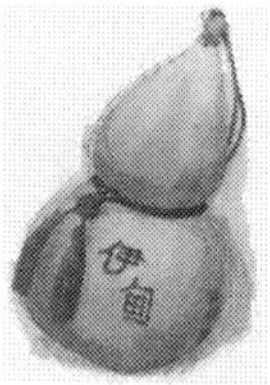

教訓和知識技術同樣的重要。」

☆老師的悄悄話

是的，人們常說「授之以魚，不如授之以漁」。但是，「授之以漁」不如讓釣魚者自己釣魚。不耕田，怎能下田？無論做什麼事情，經驗教訓和知識技術同樣的重要。

76 不要怕，不要悔

一個年輕人離開部落，開始創造自己的未來。少小離家，心裡難免有幾分惶恐。他動身後的第一站，是去拜訪部落酋長，請求指點。

酋長正在臨帖練字，他聽說部落有位後輩開始踏上人生的旅途，就隨手寫了三個字：「不要怕」，然後抬起頭來，望著前來求教的年輕人說：「孩子，人生的秘訣只有六個字，今天先告訴你三個字，供你半生受用。」

二十年後，這個從前的年輕人已是中年，他有一些成就，也添了很多傷心事。歸程漫漫，近鄉情怯，他又去拜訪那位酋長。

他到了酋長家裡，才知道老人家幾年前已經去世。家人取出一個密封的封套來，對他說：「這是老先生生前留給你的，他說有一天你會再來。」還鄉的遊子這才想起來，二十年前他在這裡聽到人生的一半秘密。拆開封套，

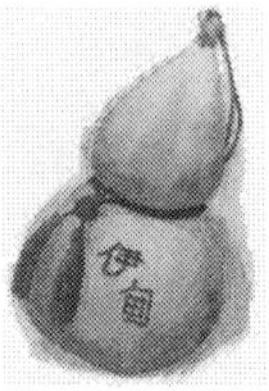

裡面赫然又是三個大字：「不要悔」。

☆老師的悄悄話

告訴孩子：人生在世，中年以前不要怕——最大的錯誤是不敢犯錯；中年以後不要悔——最大的遺憾是沒有遺憾。這是經驗的提煉，智慧的濃縮。

77 世界上本沒有路

一場大雪過後，一位年輕的父親帶著年幼的孩子走在路上。雪地上不知已被誰掃出了一條窄窄的路，很多人都規矩地沿著這條路緩緩走過。當這父子倆也走到這條路上時，兒子卻調皮地走到雪地上去了。

父親見了便呵斥道：「快回來，別人沒有走過的路有危險，摔倒了怎麼辦？」孩子卻用稚嫩的聲音回答：「爸爸，你看，我並沒有摔倒，還踩出了一條自己的路呢！」

父親一看，果然兒子身後留下了一串小小的腳印。而自己的身後，卻依然是那條別人走過的路，沒有留下任何痕跡。

☆老師的悄悄話

世界上本沒有路。如果你沿著別人的腳步走，或是沿著已經準備好的路走，那樣也許會很平安，也沒有什麼風險，但在此同時，你也選擇了平庸的人生。

78 展示生命最豐富的活力

有人搞了一次別開生面的智力測驗：用粉筆在黑板上畫了一個圓圈，讓被試者回答這是什麼。問到大學生，他們則哄堂大笑，拒絕回答這個只有傻瓜才回答的問題。問到初中生，一個聰明學生舉手回答，「是零」，一個調皮學生大喊，「英文字母的O」，卻遭到班主任的白眼。最後問及小學一年級的孩子們，他們異常活躍地舉起小手回答：「是白兔」，「是乒乓球」，「是燒餅」，「是唱歌時的嘴巴」，「是老師發脾氣時的眼睛」。

最後得出的結論是：隨著人們年齡的增長，所受教育越多，想像力越蒼白。

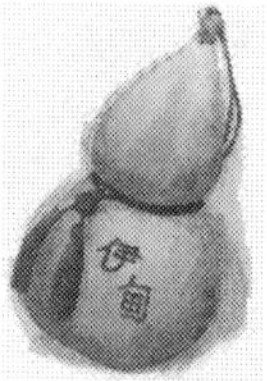

☆老師的悄悄話

年齡和閱歷往往是束縛想像力的繩索，而浪漫的童心才是充溢著想像力的。世界廣袤無垠，答案多種多樣。保持童心，擺脫框架，人生才會展示生命最豐富的活力。

79 健康是最大的資本

馬克思在讀大學的時候，就曾接到父親這樣的一封信：

「……祝你健康，在用豐富而有益的食物來滋養你的智慧的時候，別忘記，在這個世界上，身體是智慧的永恆伴侶，整個機器的狀況好壞都取決於它。一個體弱多病的學者，是世界上最不幸的人。因此，希望你用功不要超出你的健康所能容許的限度。此外，每天還要運動運動，生活要有節制。我希望，每次擁抱你的時候，都會看到你是一個身心越來越健康的人。」

健康的身體是幸福之本，也是成功之本。可是，在現實生活中，有的人不重視健康，以犧牲健康爲代價去賺錢斂財，這實在是一種「短視」的行爲。

☆老師的悄悄話

有的人年輕時拼命用健康去換取金錢，年老時卻又期望用金錢買回健康，這是做不到的。一個人若不爲健康投入必要的時間，他就不可能享受時間的慷慨賜予。其實，獲得健康並不一定要花太多的時間和金錢，只要選擇適合自己的方式堅持運動，並持之以恆就行了。

80 順其自然

一位建築師設計了位於綠地四周的辦公樓群。竣工後，園林管理部門的人問他，人行道該鋪在哪裡，「把大樓之間的空地全種上草。」他回答。

夏天過後，在樓間的草地上踩出了許多小道，優雅自然，走的人多就寬，走的人少就窄。秋天，這位建築師讓人沿著這些踩出來的痕跡鋪設人行道。

☆老師的悄悄話

這是從未有過的優美設計，和諧自然地滿足了行人的需要。教育孩子也要適時的讓其順其自然，這樣可以使教育變得容易，而且又符合自然規律。

81 給孩子一塊受益一生的黑麵包

一位經歷了許多坎坷和磨難的商界人士，通過風風雨雨的拼搏後，成為一位名聲遠揚的新聞人物，在接受新聞專訪時，有記者問他：「現在你已擁有億元財產，在你的一生當中，你經歷的最幸福的一件事是什麼？請你談談對幸福的認識。」他的回答是：幸福是一塊黑麵包。

這個答案出乎記者的意料。

他給記者講了自己親身經歷的一件事。

小時候，他家裡窮，從小學到初中，他一直生活在封閉落後的村莊，從未出過遠門，也沒見過城市是什麼樣子。有一天父親帶他進城，他看見許多城裡的孩子，吃著剛烤製好、散發著香味的麵包，他饞得直流口水，央求父親給他買一塊麵包。他父親用身上僅有的五角錢，給他買了一塊放了幾天又

黑又乾的麵包，這塊麵包放在櫥窗底層無人問津。

吃完那塊麵包，他感覺自己是世界上最幸福的人，從此他暗下決心，好好學習，爲將來能天天吃上黑麵包奮鬥。

☆老師的悄悄話

讓我們記住李嘉誠說的話：沒有什麼比奮鬥和超越更幸福的了。沒錯，正如這位人士說的，幸福就是一塊黑麵包！教育者的任務，就是給孩子一塊將來受益一生的黑麵包。

82 馬鈴薯和馬鈴薯是不一樣

由於學校和課業不理想，進入大學後，阿凡一天天地消沉起來。蹺課，抽煙，喝酒，不該做的他全做了，不該會的他也全會了。

雖然喜歡蹺課，但王教授的課他從沒逃過。王教授的課生動有趣，並且像他這樣的，王教授也從來不歧視，不時還提問他幾個簡單的問題，然後表揚一番。

一次，他在作業本裡夾了一張紙條：王教授，現在大學生比馬鈴薯還便宜，是嗎？那天，王教授把他叫進家裡，四菜一湯，師生兩個喝得不亦樂乎。

酒過三巡，王教授拿出一個又小又青的馬鈴薯，說：「你知道它值多少錢嗎？皮多肉少又有毒，告訴你，白送也不要。」教授把馬鈴薯扔進垃圾

筒。接著，教授又拿出一個馬鈴薯，一斤多重，「這樣的馬鈴薯，一塊錢一斤！」

教授略帶酒意地說：「記住，這個馬鈴薯和那個馬鈴薯是不一樣的。」

☆老師的悄悄話

是的，馬鈴薯的不同在於質量的差別。同理，命運的不同在於個人的努力。因爲即使是同樣的人，也會有不同的故事和人生。

83 生命就像一根火柴

「孩子，趁年輕，何不埋頭苦幹，以成就一番事業呢？」一老人勸告一少年。

少年滿不在乎地回答說：「何必那麼急呢？我的青春年華才剛剛開始，時間有的是！再說，我的美好藍圖還未規劃好呢！」

「時間可不等人啊！」老人說，並把少年引到一個伸手不見五指的地下室裡。

「我什麼也看不見！」少年說。

老人擦亮一根火柴，對少年說：「趁火柴未熄，你在這地下室裡隨便選一件東西出去吧！」

少年借助微弱的亮光，四處努力辨認地下室的物品，還未等他找到一樣

東西，火柴就燃盡了，地下室頓時又變得漆黑一團。

「我什麼也沒拿到，火柴就滅了！」少年抱怨道。

老人說：「你的青春年華就如同這燃燒的火柴，轉瞬即逝，朋友，你要珍惜啊！」

☆老師的悄悄話

人生短短幾十年，彈指一瞬間。待走到生命的終點，後悔所走過的人生，已爲時已晚。與其到那時後悔，不如今天多做一點，至少回首的時候苦樂參半，眼淚與笑臉並存，這些是光用「成敗」難以表達清楚的。

84 不要永遠等下去

一九七三年，英國利物浦市一個叫科萊特的青年，考入了美國哈佛大學，常和他坐在一起聽課的是一位十八歲的美國小夥子。大學二年級那年，這位小夥子和科萊特商議，一起退學，去開發32Bit財務軟體，因爲新編教科書中，已解決了進位制路徑轉換問題。

當時，科萊特感到非常驚詫，因爲他來這兒是求學的，不是來鬧著玩的。再說對Bit系統，墨爾斯博士才教了點皮毛，要開發Bit財務軟體，不學完大學的全部課程是不可能的。

他委婉地拒絕了那位小夥子的邀請。

十年後，科萊特成爲哈佛大學電腦系Bit方面的博士研究生，那位退學的小夥子也是在這一年，進入美國《富比士》雜誌億萬富豪排行榜。一九九

二年，科萊特繼續攻讀，拿到博士後學位；那位美國小夥子的個人資產，在這一年則僅次於華爾街大亨巴菲特，達到六十五億美元，成爲美國第二富豪。一九九五年，科萊特認爲自己已具備了足夠的學識，可以研究和開發32Bit財務軟體了，而那位小夥子則已繞過Bit系統，開發出Eip財務軟體，它比Bit快一千五百倍，並且在兩週內占領了全球市場，這一年他成了世界首富，一個代表著成功和財富的名字——比爾·蓋茲，也隨之傳遍全球的每一個角落。

☆老師的悄悄話

比爾·蓋茲哈佛沒畢業就去創業了，假如等到他學完所有知識再去創辦微軟，他還會成爲世界首富嗎？在這個世界上，似乎存在著這麼一個眞理：對一件事，如果等所有的條件都成熟才去行動，那麼他也許得永遠等下去。

Note

Note

國家圖書館出版品預行編目資料

人生的五枚金幣：自信和自尊的積極哲學／盧雅雯著. -- 初版. -- 新北市：華夏出版有限公司, 2023.04

面； 公分. --（人格教養；07）

ISBN 978-626-7134-89-4（平裝）

1.CST：人生哲學 2.CST：自信 3.CST：自尊

191.9 112000141

人格教養 007

人生的五枚金幣：自信和自尊的積極哲學

著　　作　盧雅雯

印　　刷　百通科技股份有限公司

　　　　　電話：02-86926066 傳真：02-86926016

出 版 者　華夏出版有限公司

　　　　　220 新北市板橋區縣民大道 3 段 93 巷 30 弄 25 號 1 樓

　　　　　電話：02-32343788 傳真：02-22234544

E-mail：　pftwsdom@ms7.hinet.net

總 經 銷　貿騰發賣股份有限公司

　　　　　新北市 235 中和區立德街 136 號 6 樓

　　　　　電話：02-82275988 傳真：02-82275989

　　　　　網址：www.namode.com

版　　次　2023 年 4 月初版一刷

特　　價　新台幣 280 元（缺頁或破損的書，請寄回更換）

ISBN-13：978-626-7134-89-4